Le Principe de Pareto

Qu'est-ce que la règle des 80/20 : travailler peu, s'inquiéter moins, s'amuser et avoir du succès

Le secret de la réussite

Comment exceller grâce aux 20% de ce que vous savez faire

Luca C[illegible]o

Sommaire

INTRODUCTION 5

QU'EST-CE QUE LE PRINCIPE DE PARETO ? 8

HISTOIRE 12

COMMENT UTILISER LA RÈGLE DES 80/20 ? .. 18

COMPRENDRE LA RÈGLE DES 80/20 ET DÉCOUVRIR COMMENT ELLE INFLUENCE LA PRODUCTIVITÉ 19

POURQUOI ADOPTER LA RÈGLE DES 80/20 PEUT CHANGER VOTRE VIE PERSONNELLE ET PROFESSIONNELLE 20

TRAVAILLER PLUS EFFICACEMENT AVEC LE PRINCIPE DE PARETO 27

AUGMENTER SA PRODUCTIVITÉ GRÂCE À DE MEILLEURES STRATÉGIES 31

LE PRINCIPE DE PARETO VOUS PERMETTRA D'AMÉLIORER LA GESTION DE VOTRE TEMPS. 40

UTILISATION DU PRINCIPE DE PARETO (RÈGLE DES 80/20) : PROCESSUS EN TROIS ÉTAPES POUR ACCÉLÉRER ET OPTIMISER LE SUCCÈS . 45

LA RÈGLE DES 80/20 POUR PERDRE DU POIDS 59

POURQUOI LA RÈGLE DES 80/20 POURRAIT ÊTRE LA CLÉ D'UN RENDEZ-VOUS RÉUSSI 68

CONSEILS EN MATIÈRE DE RELATIONS 73

LA SANTÉ MENTALE AU TRAVAIL 81

QUELS SONT LES SIGNES DU STRESS ? 81

COMMENT GÉRER LE STRESS AU TRAVAIL.....89

COMMENT LA RÈGLE DES 80/20 PEUT VOUS AIDER À MIEUX PRENDRE SOIN DE VOUS.........95

LA CLÉ POUR DÉBLOQUER ET ATTEINDRE VOTRE PLEIN POTENTIEL.......................................99

ÉVITER LA PROCRASTINATION.........................109

LES PRINCIPALES RAISONS DE LA PROCRASTINATION ET COMMENT LES ÉVITER 109

COMMENT RESTER MOTIVÉ..............................114

CONCLUSION...121

CE LIVRE VOUS A PLUT ?............................123

VOUS POURREZ TROUVER D'AUTRES LIVRES ICI..124

EXCLUSIONS DE RESPONSABILITÉ 125

DROITS D'AUTEUR.......................................126

NOTES LÉGALES...127

Introduction

Imaginez que vous êtes le PDG d'une entreprise et que vous avez des vendeurs qui travaillent pour vous. Dans un monde où l'on recherche l'égalité, supposons que tout le monde contribue proportionnellement à vos ventes. Selon ce raisonnement, 20% des vendeurs contribueraient à 20% des ventes, 50% des vendeurs contribueraient à 50% des ventes, 80% des vendeurs contribueraient à 80% des ventes. etc.

Et si, au lieu de ce rapport 1:1, vous constatiez que 80 % de vos ventes sont générées par 20 % de vos vendeurs ?

Qu'est-ce que le principe 80-20 ?

20% des actions mènent à 80% des résultats.

D'où la règle des 80/20 : 80 % des retombées d'une situation proviennent de 20 % de ses causes. Ce phénomène a été découvert pour la première fois par Vilfredo Pareto, un économiste italien qui supposait que 20 % des gens contrôleraient 80 % de la richesse mondiale.

La règle des 80/20 est également connue sous le nom de "Principe de Pareto" ou "Law of the Vital Few" - en référence aux quelques facteurs vitaux qui contribuent réellement au résultat.

Tout d'abord, il convient de préciser que toutes les choses présentes dans notre vie n'ont pas la même valeur. Quoi que vous fassiez, il y a toujours des activités que vous considérez plus ou moins importantes. Avec le principe de Pareto, vous pourriez vous concentrer sur les quelques tâches importantes, en donnant la priorité à 20 % des tâches de grande valeur, plutôt que de vous occuper de tout. Ce concept est également connu sous le nom de "moins, c'est plus". Lorsque vous faites moins d'efforts, vous obtenez plus de résultats.

La règle des 80/20 vous aide à tirer le meilleur parti de votre vie. Si vous réduisez la part de ce qui n'est pas important, vous aurez plus de temps pour vous concentrer sur ce qui l'est. Éliminez les tâches qui sont un fardeau, de manière à avoir plus d'énergie et de temps pour l'essentiel.

En fin de compte, l'objectif de la technique 80/20 est de faire plus avec moins d'efforts, afin de pouvoir tirer le meilleur parti de notre temps vital. Il est important de se concentrer sur ce qui donne le plus de sens à notre quotidien afin d'avoir un maximum d'épanouissement et de bonheur.

Dans les chapitres suivants, nous allons vous expliquer plus en détail cette méthode et vous montrer pourquoi vous devriez commencer à appliquer le principe de Pareto !

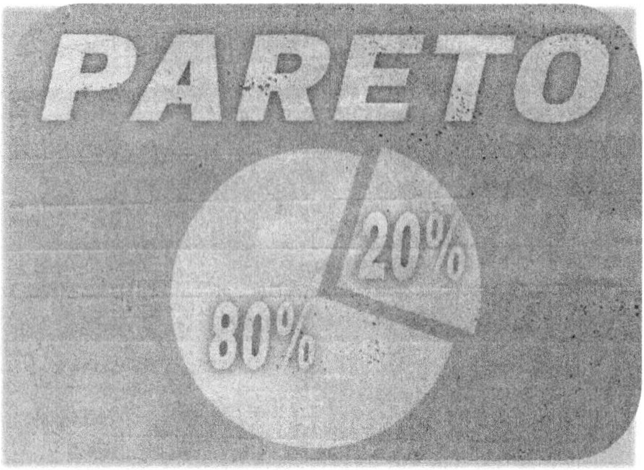

Qu'est-ce que le principe de Pareto ?

Avez-vous déjà entendu quelqu'un parler du principe de Pareto, en prétendant comprendre ce que cette personne disait mais sans vraiment savoir précisément de quoi elle parlait ? Vous avez peut-être entendu parler de la règle des 80/20 ? Avez-vous entendu dire que cette règle permettait d'obtenir des améliorations étonnantes en matière de productivité et de perspectives, mais vous ne vous êtes jamais vraiment imaginé ce que cela donnerait concrêtement ?

Citer le principe de Pareto ou invoquer la règle des 80/20, c'est en fait la même chose. Cette théorie affirme que 80% des conséquences dans notre vie proviennent de seulement 20% des causes. Ce concept peut sembler abstrait, mais il vous permettra bientôt d'améliorer toutes sortes de situations dans votre vie personnelle et professionnelle.

D'où vient le principe de Pareto ?

Le nom "Principe de Pareto" vient de l'économiste et sociologue italien Vilfredo Pareto qui, à la fin du XIXe siècle, a publié un ouvrage savant (*Cours d'économie politique*) dans lequel il a tenté de démontrer que la distribution des revenus sociaux suit un schéma historique. Comme vous l'avez peut-être deviné, le modèle de Pareto impliquait que 20% d'une population donnée contrôle 80% des revenus de cette population.

À l'époque de la Seconde Guerre mondiale, l'ingénieur et consultant commercial américain Joseph Juran a appliqué le principe de Pareto au contrôle de la qualité, en faisant valoir que, comme pour la répartition des revenus, 20% des défauts de fabrication produisaient 80% des produits défectueux. Juran a utilisé cette observation pour mettre au point des recommandations pour de meilleures méthodes de production.

C'est de là que l'idée contemporaine du principe de Pareto (ou règle des 80/20) est née, et a depuis été utilisée pour apporter des améliorations dans différents domaines, de la gestion du temps aux relations, des ventes aux régimes alimentaires.

Comment fonctionne le principe de Pareto ?

Si vous souhaitez apprendre à utiliser la règle des 80/20, voici quelques conseils clés :

Ne vous laissez pas tromper par la règle des 80/20. Les 80 et 20 du principe de Pareto ne sont pas des lois mathématiques exactes. Il ne s'agit pas de trouver des pourcentages dont la sommes est 100%. Pareto aurait très bien pu créer la règle des 80/30. 30% des actions produisent 80% des résultats dans certains cas. Le principe de Pareto est un modèle approximatif conçu pour illustrer des modèles de répartition type. Considérez cette règle comme un diagramme circulaire, dont la grande partie représenterait 80% et la petite partie 20%.

Le but principal du principe de Pareto n'est pas de déterminer des pourcentages exacts, mais de souligner que - la plupart du temps - tout n'est pas distribué de manière égale. Le principe de Pareto est destiné à nous rappeler que la vie ne suit pas un modèle 1:1 dans lequel une unité de départ crée la même unité d'arrivée.

Voici ce que cela signifie : si vous acceptez le fait que cette inégalité entre l'entrée et la sortie existe, vous pouvez adapter cette règle à votre travail (vie, rêves, voire alimentation) en suivant le rapport 80/20.

Lorsque vous aurez découvert qu'environ 20% de votre travail produit 80% de votre production, vous pourrez répartir votre temps et vos ressources plus efficacement.

Voici quelques exemples :

Vous pourriez passer 10 à 15 minutes à concevoir soigneusement un article avant de commencer à l'écrire pendant 45 à 50 minutes, plutôt que de perdre aveuglément une heure et de gaspiller votre temps à écrire directement quelque chose qui n'aura sûrement guère de sens car vous ne l'aurez pas bien planifié.

Vous pourriez consacrer une demi-heure chaque matin à la planification et à la préparation d'une journée de travail réussie de huit heures, au lieu de gaspiller votre journée à faire de petites tâches sans importance et surtout de les faire à moitié.

Histoire

Le principe de Pareto (également connu sous le nom de règle des 80/20) stipule que pour de nombreux phénomènes, 80 % des conséquences sont dues à 20 % des causes. L'idée est utilisée comme une règle empirique dans de nombreux domaines, mais elle est aussi souvent utilisée à mauvais escient et de manière imprudente.

Ce principe a été formulé par le théoricien du management Joseph M. Juran et porte le nom de l'économiste italien Vilfredo Pareto, qui a découvert que 80 % des biens immobiliers en Italie appartenaient à 20 % de la population. Puisque J. M. Juran a repris l'idée, le mieux serait de la considérer comme étant une acquisition. Le principe implique que la plupart des résultats dans une situation donnée sont déterminés par un petit nombre de causes. Cette idée est souvent appliquée aux données, telles que les données sur les ventes : "20% des clients sont responsables de 80% des ventes". Ce fait est vérifiable, il est probablement correct et utile pour les prises de décisions.

Il est important de noter que de nombreuses personnes interprètent mal ce principe (en raison de la coïncidence que 20 + 80 = 100) : mais on pourrait tout aussi bien dire que 80% des conséquences proviennent de 10% des causes. Beaucoup de gens rejetteraient une telle règle des "80-10", mais elle n'en reste pas moins mathématiquement logique.

Il s'agit là d'un cas particulier.

Le principe de Pareto n'a rien à voir avec l'efficacité de Pareto, que Vilfredo Pareto lui-même a introduite.

Qui était Vilfredo Pareto ?

Vilfredo Pareto (né le 15 juillet 1848 en France - mort le 19 août 1923 à Lausanne, Suisse) a apporté plusieurs contributions importantes à l'économie, à la sociologie et à la philosophie morale, en particulier à l'étude de la répartition des revenus et à l'analyse des décisions individuelles. Il a introduit le concept d'efficacité et a contribué à développer le domaine de la microéconomie avec des idées telles que les courbes d'indifférence. Ses théories ont influencé Benito Mussolini et le développement du fascisme italien.

La famille Pareto s'est installée en Italie en 1858. En 1870, Pareto a obtenu son diplôme d'ingénieur à l'école polytechnique de Turin et a commencé à travailler pour la compagnie des Chemins de fer de l'état italien. En 1886, il devient professeur d'économie et de management à l'université de Florence. En 1893, il est nommé professeur d'économie à l'Université de Lausanne en Suisse, où il restera jusqu'à la fin de sa vie.

En 1906, il fait le constat bien connu que 20 % de la population possède 80 % des biens en Italie, qui est ensuite généralisé (par Joseph M. Juran et d'autres chercheurs) pour donner naissance au principe dit de Pareto et être étendu au concept de distribution de Pareto.

L'indice de Pareto est une mesure de l'inégalité dans la distribution des revenus.

Le diagramme de Pareto est une sorte d'histogramme spécifique utilisé pour montrer les causes d'un problème par ordre de gravité, de la plus importante à la plus petite. Il s'agit d'un outil statistique qui représente graphiquement la règle des 80/20.

La politique sociale de Pareto a été formalisée dans son ouvrage « Mind and Society ».

Dans son Traité de Sociologie Générale, il a présenté la première théorie du cycle social.

Qui était Joseph M. Juran, le véritable "père" du principe de Pareto ?

La principale contribution de Joseph M. Juran concerne le domaine de la gestion de la qualité. Peut-être plus important encore, il est reconnu comme la personne qui a ajouté la dimension humaine au principe de Pareto et l'a élargi en exploitant les statistiques.

En 1937, le Dr Juran a développé le principe de Pareto, sur lequel des millions de managers ont commencé à s'appuyer pour distinguer le " vital few " du " trivial many " dans leurs entreprises. Ce principe est communément appelé la règle des 80/20. En 2003, l'American Society for Quality a proposé de renommer le principe de Pareto en "Principe de Juran". Son application universelle en fait l'un des concepts et des outils les plus utiles pour la gestion moderne.

Le Dr Juran a rédigé l'ouvrage de référence sur le contrôle de qualité standard, "The Quality Control Manual", publié pour la première fois en 1951 et qui en est maintenant à sa cinquième édition. Ce guide sert de référence pour la plupart des services qualité des entreprises, car il fournit des conseils importants sur la manière d'améliorer les performances d'une entreprise en améliorant la qualité de ses produits et services.

Son livre « Managerial Breakthrough », publié pour la première fois en 1964, présente une théorie plus générale de la gestion de la qualité. Ce fut le premier livre à décrire une procédure étape par étape pour améliorer la qualité dans les entreprises. Ce processus a maintenant évolué pour devenir le "Six Sigma" et constitue la base de la démarche qualité dans le monde entier.

En 1979, le Dr Juran a fondé l'Institut Juran, une organisation dont l'objectif était de faire des recherches et de fournir des solutions pragmatiques afin que les entreprises de tous les secteurs puissent apprendre les outils et les techniques de gestion de la qualité.

La trilogie Juran, publiée en 1986, a été acceptée dans le monde entier comme base de la gestion de la qualité. Après près de 50 ans de recherche, sa trilogie a défini trois processus de gestion nécessaires à toutes les organisations commerciales. Le contrôle de la qualité, l'amélioration de la qualité et la planification de la qualité sont devenus les fondements de la réussite.

Juran décrit la qualité telle qu'elle est perçue par le client sous deux aspects : une qualité supérieure signifie un plus grand nombre de fonctionnalités qui répondent aux exigences du client. Le deuxième aspect concerne "l'absence de problèmes" : une qualité supérieure entraîne une diminution des erreurs de facturation.

En raison de la puissance et de la clarté de la pensée de Joseph Juran et de l'étendue de son influence, les dirigeants d'entreprises, les gestionnaires et ses confrères du monde entier considèrent M. Juran comme l'un des "vital few" - une figure pionnière dans le développement de la théorie du management. Juran a été un contributeur clé dans le milieu financier et pendant une période plus longue que les autres, mais de son vivant, il avait le sentiment de ne pas avoir fait de différence. "Mon travail, qui consiste à contribuer au bien-être de mon prochain", a écrit Juran, " est une vaste entreprise inachevée".

Comment utiliser la règle des 80/20 ?

Pourquoi la règle des 80/20 est-elle importante ? Elle sert à simplifier la vie des gens et à augmenter leurs performances.

Vous devriez examiner chaque domaine de votre vie et déterminer quelles sont les actions/relations sur lesquelles vous avez le plus de succès. Décidez ensuite des actions/relations à mettre de côté. Une fois que vous aurez éliminé les éléments négatifs, vous aurez davantage de temps pour développer les éléments positifs.

Il s'agit certainement d'une définition simpliste de la règle des 80/20. Mais la base est là. Examinez votre vie et éliminez ce qui vous empêche d'être heureux et de réussir.

Comprendre la règle des 80/20 et découvrir comment elle influence la productivité

Selon le principe de Pareto, 80 % de vos résultats sont déterminés par 20 % de vos efforts. Quel est le rapport avec la productivité ?

Lorsque vous comprenez que la grande majorité de vos résultats dépend d'un petit pourcentage de vos efforts, vous pouvez savoir exactement lesquels produisent le plus de résultats (et dans votre vie aussi!) et concentrer alors votre énergie exclusivement sur ce que vous réussissez.

Supposons, par exemple, que vous ayez une longue liste de clients. Après avoir fait une petite recherche inspirée de Pareto, vous découvrez que 80 % de vos revenus proviennent de cinq de ces clients seulement. Vous pourriez faire plus et obtenir plus de ventes si vous concentriez votre temps et votre énergie sur ces cinq clients, au lieu d'essayer de gérer les relations avec les 25 autres contacts (ce qui peut vous donner l'impression d'être débordé).

La règle des 80/20 vous permet de maximiser vos efforts, afin de vous assurer que tout ce que vous faites donne un maximum de résultats. Il est tout aussi important de savoir quelles actions ne vous mènent à rien et vous font perdre du temps. Vous pourrez ainsi les mettre de côté et investir du temps et de l'énergie dans ce qui marche vraiment pour vous.

Pourquoi adopter la règle des 80/20 peut changer votre vie personnelle et professionnelle

Vous savez maintenant ce qu'est le principe de Pareto. Vous savez comment il affecte la productivité et les opérations commerciales, mais comment peut-il apporter un changement positif et productif à votre entreprise (et à votre vie) ?

Il y a tant de façons par lesquelles la règle des 80/20 peut améliorer votre travail, par exemple :

Moins de stress

Si vous passez beaucoup de temps à travailler sur des activités qui ne produisent pas vraiment de résultats, à un moment donné, vous vous sentirez dépassé (ou, pire, épuisé). En appliquant la règle des 80/20, vous pouvez vous concentrer sur les activités qui ont un impact réel sur votre entreprise, y consacrer votre temps et votre énergie, et faire plus avec moins. C'est comme un antidote au stress !

Un plus grand engagement dans votre travail

Lorsque vous vous sentez débordé, mais aussi que vous consacrez beaucoup de temps et d'énergie à des tâches qui ne fonctionnent pas, vous pouvez vous ennuyer, vous sentir frustré et déconnecté de votre travail. Lorsque vous appliquez la règle des 80/20 à votre entreprise, vous passez plus de temps à faire ce qui compte vraiment, ce qui peut vous apporter plus de joie et d'implication dans votre travail.

Plus de temps pour vos passions en dehors du travail

Comme mentionné précédemment, le principe de Pareto vous permet d'obtenir plus avec moins d'efforts. Vous gagnez ainsi du temps et de l'énergie au quotidien, temps et énergie que vous pouvez consacrer à vos passions en dehors du travail (comme passer du temps avec votre famille ou découvrir de nouveaux hobbies).

Quelle est la morale ? L'adoption de la règle des 80/20 peut complètement transformer votre entreprise (et à bien des égards votre vie).

Comment mettre en pratique le principe de Pareto

Le principe de Pareto est un outil puissant pour augmenter la productivité et transformer votre entreprise. Mais comment peut-il être mis en pratique ? Comment faire passer la règle des 80/20 de simple "théorie" à "liste de tâches à effectuer dans votre entreprise" ?

Voici quelques stratégies que vous pouvez utiliser pour appliquer le principe de Pareto :

1. Notez comment vous passez votre temps

La règle des 80/20 ne fonctionne que si vous pouvez identifier quels sont les 20% de vos efforts qui produisent 80% de vos résultats (et, peut-être plus important encore, quels sont les 80% de vos efforts qui ne fonctionnent pas). La meilleure façon d'identifier ces efforts est d'analyser en profondeur la manière dont vous passez votre temps.

En analysant votre emploi du temps, vous pouvez avoir une idée précise de la façon dont vous passez vos journées et, plus important encore, des activités quotidiennes qui produisent des résultats.

Comment faire l'inventaire de votre temps ?

Pendant une semaine, prenez note de la manière dont vous passez chaque minute de votre journée au travail et en dehors. Vous pouvez utiliser un outil de suivi du temps ou, si vous voulez rendre cela plus simple, prenez vos notes avec un stylo et du papier. Peu importe comment vous notez votre temps, l'important est de savoir comment vous le passez.

Passez-vous votre temps sur Instagram pendant les réunions ? Prenez cela en considération. Avez-vous passé toute la matinée à appeler des clients ? Ecrivez-le. Avez-vous passé des heures à faire la lessive, passé une heure à "nettoyer" votre courrier électronique ou fait de la gym pendant votre pause déjeuner ? Ecrivez tout !

Après une semaine complète de surveillance de votre temps, vous aurez une vue précise de la direction dans laquelle aller (si vous surveillez votre temps avec un outil informatique, vous pourrez réellement voir où vous passez votre temps grâce à des graphiques). Avoir une vue d'ensemble permet de se rendre compte beaucoup plus facilement combien de temps est « bien dépensé » (20%) et combien de temps est perdu (80%).

2. Automatisation

En surveillant votre temps et en examinant comment vous le passez, vous identifierez probablement certaines activités qui ne produisent pas de résultats, mais pour autant vous ne pourrez pas forcément les éliminer.

Que pouvez-vous faire avec ces tâches ? Automatisez-les.

L'automatisation est un excellent moyen de simplifier les activités de votre entreprise qui sont nécessaires mais qui ne donnent pas forcément de résultats. Prenons l'exemple de la facturation. La facturation est une nécessité dans toute entreprise. Vous devez facturer vos clients si vous voulez être payé. Cependant, si vous passez plus de dix heures par semaine à facturer manuellement chaque client, votre temps n'est pas utilisé de manière productive et vous n'obtenez pas de véritables résultats.

C'est là que l'automatisation entre en jeu. Au lieu de perdre des heures sur le processus de facturation, vous pouvez utiliser un outil comptable pour automatiser ce processus, le suivi des paiements et la gestion des données financières de votre entreprise. Vous pouvez utiliser le temps que vous passiez à facturer en vous concentrant sur les domaines de votre entreprise (les 20%) qui produisent de réels résultats.

3. Se concentrer sur quelques clients

Comme mentionné dans l'exemple précédent, il arrive souvent qu'un petit pourcentage de vos clients soit responsable d'un grand pourcentage de vos ventes.

Donc, si vous voulez générer plus de ventes et faire passer votre entreprise au niveau supérieur, vous devez identifier ces clients et focaliser vos efforts sur eux.

Examinez de plus près vos finances. D'où proviennent la plupart de vos revenus ? Réduisez votre liste de clients afin de pouvoir concentrer votre temps et vos efforts sur les personnes qui apportent de réels résultats à votre entreprise.

Non seulement cela facilitera la gestion de votre entreprise, mais cela pourrait aussi augmenter vos ventes. Vous avez beaucoup plus de chances d'augmenter vos ventes en offrant un niveau de service plus élevé aux clients qui dépensent déjà, plutôt que de vous concentrer sur les 80 % restants qui ne contribuent pas de manière significative à vos résultats.

4. L'inverse du principe de Pareto

Le principe de Pareto stipule que 20 % de vos efforts produisent 80 % de vos résultats. L'inverse est vrai également !

Si quelque chose dans votre entreprise vous prend 80% de votre temps, de votre énergie ou de vos ressources mais que vous n'en retirez que 20% de vos résultats (comme un client difficile), débarrassez-vous-en ! Si vous consacrez du temps et de l'énergie à ces activités, non seulement il en résultera une perte importante de productivité, mais cela peut aussi être un chemin à sens unique vous conduisant à l'échec.

5. Sortir des sentiers battus

Le principe de Pareto est un outil extrêmement puissant pour transformer votre entreprise. Toutefois, la règle des 80/20 ne s'applique pas seulement aux entreprises. L'utiliser dans votre vie peut avoir un impact significatif sur votre santé et votre bonheur.

Appliquer le principe de Pareto à d'autres domaines de votre vie peut vous aider à déterminer ce qui est important et ce sur quoi vous devriez concentrer votre attention et votre énergie.

Utilisez la règle des 80/20 pour porter votre temps libre au niveau supérieur.
Nous avons tous un temps, une énergie et des ressources limités et il est donc important de bien choisir où les investir. La règle des 80/20 peut vous aider à faire en sorte que la façon dont vous dépensez votre temps, votre énergie et vos ressources obtienne le meilleur retour sur investissement.

Travailler plus efficacement avec le principe de Pareto

Le principe de Pareto stipule qu'un petit déséquilibre pourrait en fait nous être bénéfique. En nous concentrant sur ce qui donne les meilleurs résultats, nous pouvons obtenir de meilleurs résultats avec le moins d'efforts possible.

Vous devrez travailler dur, bien sûr, mais au lieu d'échouer régulièrement, vous serez en mesure d'atteindre efficacement vos objectifs. Nous savons tous que nous devons appliquer ce principe dans une certaine mesure, en essayant de nous concentrer sur les choses importantes, même si cela signifie mettre de côté les banalités.

Cependant, vous pouvez apporter de précieuses améliorations à votre travail en essayant d'appliquer le principe à tous les aspects de votre vie professionnelle. Continuez la lecture pour savoir comment fonctionne la règle des 80/20.

Le but de votre travail

La principale application de la règle des 80/20 sert le but de votre travail. Quelles sont les principales actions et tâches qui composent votre travail ? Tous les emplois comportent de nombreuses tâches quotidiennes, des tâches mineures, mais au final les tâches les plus importantes sont celles qui causent des problèmes à l'entreprise ou aux clients lorsqu'elles ne sont pas bien faites.
Quelles sont les quelques tâches qui, lorsqu'elles sont bien faites, indiquent que vous faites bien votre travail ? Que voit votre patron quand il pense à votre travail - quels sont les chiffres les plus importants ? Quelles sont vos responsabilités ? Que disent vos clients et vos employés ?

Utilisez la règle des 80/20 pour identifier vos activités principales et vous assurer que vous les réalisez bien. Si vous menez votre activité avec de bonnes performances, vous êtes sur la bonne voie pour atteindre 80 % de réussite et cette réussite sera supérieure à la moyenne.

Décidez de ce que vous devez faire

En appliquant la règle des 80/20 au travail, vous saurez quoi remettre à plus tard lorsque vous n'aurez pas le temps de tout faire. Nous avons tous des périodes chargées et dans ces cas-là, vous devez prendre des décisions sur ce qu'il faut faire immédiatement et ce que vous pouvez remettre à plus tard.

Voici un exemple : vous travaillez dans la vente et les 20% de vos clients les plus riches réalisent 80% de votre chiffre d'affaires. Ce sont vos clients les plus importants. Imaginez que vous retourniez à votre bureau et que vous ayez manqué deux appels : l'un d'eux était un client faisant partie de ces 20 % et l'autre, un client moins important.

Les deux appels sont importants et les deux clients sont des habitués, mais qui appelleriez-vous en premier ? Le client qui rapporte le plus de ventes, bien sûr. Si quelque chose se produit et que vous ne pouvez pas répondre aux deux appels immédiatement, tenez compte de ce raisonnement. Bien qu'elle ne soit pas idéale, cette décision est importante pour votre entreprise et vous devez donner la priorité à ceux qui en assurent la continuité. Laissez les clients moins importants pour plus tard.

Moins de temps pour un rendement optimal

L'exemple précédent sur la vente est un peu simpliste : les vendeurs ont toujours donné la priorité à leurs clients les plus importants. Toutefois, le principe de Pareto s'applique à tous les aspects du travail : tout comme il existe des clients plus importants, il existe des tâches essentielles à votre travail, et la règle des 80/20 peut également s'appliquer à votre productivité. Il existe une méthode qui permet de tout faire sans vous laisser submerger mentalement et physiquement par la fatigue.

Avec un peu de temps et de réflexion, vous pourrez trouver des techniques pour effectuer une journée de travail efficace en vous concentrant sur l'essentiel. Par exemple, le principe stipule que 20% de vos employés vous permettent d'obtenir 80% des résultats. Identifiez ces personnes et travaillez avec elles autant que possible, et ne perdez pas votre temps avec les 80% restants qui produisent peu de résultats.

Supposons que vous ayez besoin d'informations et que vous puissiez les obtenir en appelant deux personnes. Le premier est très désorganisé, tandis que l'autre semble avoir tout sous la main. Quel appel serait le plus rapide et le plus efficace ? Cela vous permettra de gagner énormément de temps sur un seul appel téléphonique. Appliquez le même principe à tout votre travail et maintenez un personnel efficace. De cette façon, vous aurez toujours plus de succès.

Appliquez également le principe à votre journée : y a-t-il un moment de la journée où vous êtes plus productif ? Y a-t-il un moment où vous êtes pleinement éveillé, où vous vous sentez plus énergique et pendant lequel vous n'êtes pas souvent dérangé ? C'est le moment que vous devez choisir pour relever vos défis les plus difficiles. Si vous réalisez 20% de vos tâches les plus urgentes au meilleur moment de la journée, vous accomplirez bien plus que si vous travailliez 10 heures par jour.

Travailler plus intelligemment

Le principe de Pareto n'est justement que cela : un principe, une règle de base. Il n'est pas forcément exact que 20% de vos clients produisent systématiquement 80% de vos ventes. Peut-être que ce sont 23% de vos clients qui vous permettent d'obtenir 80%, 60% ou même 90% de vos résultats. Le principe vous permet de prendre conscience que certaines actions conduisent à des résultats démesurés. En vous concentrant sur ces actions et en prenant du temps pour faire tout de même le reste de votre travail, vous serez assuré d'obtenir les meilleurs résultats possibles. Le travail, c'est du travail ! Et si vous y réfléchissez bien, vous pourrez obtenir de meilleurs résultats, mais bien sûr, toujours en travaillant.

Augmenter sa productivité grâce à de meilleures stratégies

Les conseils de productivité que nous voulons partager avec vous transformeront votre vie professionnelle. Ces conseils et astuces fonctionnent vraiment.

La clé de la productivité personnelle

La clé pour être productif au travail est de se concentrer et d'atteindre les quelques objectifs qui sont essentiels à l'entreprise, car ce sont eux qui alimenteront votre carrière et vos revenus. Vous devez éviter les distractions, optimiser la planification et la préparation, maximiser l'utilisation de la technologie et exploiter la puissance de votre équipe. C'est vraiment très simple.

Ces conseils sont efficaces et feront avancer votre carrière ou votre entreprise. Commençons par les points les plus critiques.

Se concentrer sur les objectifs les plus critiques

Votre patron sait ce qu'il veut : une augmentation des ventes, une amélioration du service à la clientèle, une accélération du développement des produits ou une réduction des coûts. Il y a de fortes chances qu'au début de votre carrière, vous soyez un petit rouage au sein d'une plus grande machine. N'ayez crainte, même en commençant petit, vous pouvez avoir un impact sur le business. Soyez clair sur les objectifs de votre équipe et assurez-vous de les atteindre.

Il est facile de faire des erreurs, mais il est important de ne pas en faire trop et de garder sous contrôle la situation dans son ensemble.

Comment faire

Portez une attention particulière à ce point et clarifiez les principaux objectifs que votre responsable vous a attribué.

Vous pouvez ignorer les activités secondaires qui n'ont aucun rapport avec les objectifs principaux.

Concentrez-vous en priorité sur vos principaux objectifs. En général, on ne vous fixe que trois ou quatre objectifs principaux dans une année.

Atteindre les objectifs clés

Définissez clairement vos objectifs, car vous ne pourrez jamais atteindre un objectif que vous n'avez pas en vue.

Pourquoi cela fonctionne

En vous concentrant sur vos objectifs principaux, vous pouvez simplifier et filtrer les tâches quotidiennes de routine qui ne sont pas essentielles à votre entreprise ou à votre équipe. Cela réduira immédiatement votre charge de travail et vous pourrez facilement atteindre vos objectifs. Lorsque cela se produit, vous vous sentez mieux.

Mettre fin aux distractions extérieures

De nombreuses entreprises, par exemple les médias sociaux, les applications pour téléphones ou les sites web, se font concurrence pour attirer votre attention. Les vues génèrent des recettes publicitaires, du trafic et des ventes sur le site web.

La distraction est l'ennemi de la productivité. Voici comment éliminer les distractions extérieures :

- Désinstallez Facebook de votre smartphone.
- Faites de même pour Twitter.
- Désactivez toutes les notifications sur votre téléphone, y compris les jeux, à l'exception des appels téléphoniques.
- Désactivez le son de la notification des e-mails.
- Lorsque vous devez accomplir une tâche importante, allez dans une salle de réunion ou travaillez à domicile

Les chercheurs ont constaté qu'il faut en moyenne 23 minutes à un employé pour retrouver sa concentration initiale après une pause. En clair, cinq pauses par jour peuvent représenter près de 2,5 heures de temps perdu.

Pensez à votre vie : réfléchissez à ce que vous pourriez faire avec 12 heures supplémentaires dans votre semaine. Vous auriez peut-être plus de temps libre ?

Si vous voulez optimiser votre temps libre et travailler avec succès, vous devez éviter les distractions.

Mettre fin aux distractions intérieures

Voici le plus grand défi : éliminer les distractions intérieures est particulièrement difficile, car vous éprouvez peut-être des sentiments qui vous stressent et vous alertent de menaces perçues par votre inconscient.

C'est très courant ; vous pouvez y faire face en vous parlant à vous-même et en mettant les choses au clair avant de commencer à travailler. Cela signifie qu'il faut se détendre et résoudre ses problèmes intérieurs.

Méditer

Votre capacité à réussir dans tout ce que vous faites dépend de votre capacité à méditer sur le sujet. Il ne s'agit pas de s'asseoir par terre, les jambes croisées, et de réciter des mantras. Nous faisons référence à une concentration extrême.

La méditation est une pratique dans laquelle un individu utilise une technique ou concentre son esprit sur un objet, une pensée ou une activité particulière afin d'entraîner son attention et sa conscience et d'atteindre un état stable et calme sur le plan mental et émotionnel.

Vous avez supprimé toutes les distractions extérieures et vous avez cessé de ruminer vos problèmes. La clé de la productivité est d'atteindre cet état de concentration.

À partir de ce moment, votre productivité et vos processus de pensée seront limpides et votre créativité sera à son maximum.

Être discipliné

En étant discipliné pendant votre journée de travail, vous aurez plus de temps pour profiter de vos loisirs le soir. Si vous n'avez pas assez de discipline pour vous concentrer sur les objectifs essentiels de l'entreprise et éliminer les distractions, vous passerez forcément plus de temps au travail. Certes, 25% de ce temps aura été passé sur les réseaux sociaux, mais vous rentrerez tard et tout de même épuisé psychologiquement par cette journée.

Imaginez que vous rentriez chez vous à l'heure, que vous passiez un peu plus de temps avec votre famille, puis que vous jouiez à des jeux sur votre téléphone, que vous utilisiez Skype, FaceTime ou que vous passiez un appel vidéo WhatsApp avec des amis. C'est beaucoup plus gratifiant que de mettre un "Like" sur Facebook pendant la journée de travail.

Le Multitasking

De nombreux blogueurs et écrivains pensent que le « multitasking », ou le fait de faire plusieurs tâches en même temps, n'est pas efficace. Il est ridicule de penser qu'arrêter le multitasking vous rendra plus productif car cela ne reflète pas la réalité d'une journée de travail.

De nombreuses tâches ou projets importants ne peuvent tout simplement pas être réalisés en une seule session, semaine ou même journée. Imaginez, par exemple, que vous soyez chargé de la refonte du site web de votre entreprise. Vous devrez peut-être vous associer à des spécialistes du marketing, des ventes, des technologies de l'information et à des indépendants pour faire le travail. Cela signifie réfléchir, établir des priorités, coordonner, tester et mettre en œuvre. Il y a beaucoup de choses à considérer et cette tâche pourrait prendre des semaines ou des mois.

Pour ce faire, vous devrez faire du multitasking, car vous devrez également vous occuper d'autres tâches mineures.

La clé est d'effectuer lentement toutes les activités que vous avez à faire, accordez du temps à chaque activité pour pouvoir réellement entrer dans le sujet. Par exemple, affectez les 3 premières heures de la journée au projet principal, puis hiérarchisez les autres tâches en fonction des besoins.

Bien que ce soit très efficace, vous devez éviter le multitasking rapide.

Réflexion collective

L'un des pouvoirs secrets dans le monde des affaires est d'exploiter la force de la "réflexion collective". Quelle que soit votre intelligence, lorsque vous êtes confronté à un grand défi, il est toujours préférable de parler à plusieurs personnes pour vous aider à prendre la meilleure décision.

Utiliser des livres audio

Vous savez ce que c'est que d'être un travailleur moderne : vous passez la majeure partie de votre journée de travail en réunions et devant un ordinateur. Vous lisez beaucoup : courriels, présentations PowerPoint et feuilles de calcul Excel. Lorsque vous terminez votre travail et que vous rentrez enfin chez vous, vous vous sentez mentalement et physiquement fatigué.

Vous avez perdu l'amour de la lecture, peut-être avez-vous l'impression de ne pas avoir assez de temps car vous avez des tâches ménagères, divers loisirs, peut-être même des enfants dont il faut s'occuper. Qui a le temps de lire ? Comment pouvez-vous élargir vos connaissances, acquérir de nouvelles compétences ou vous plonger dans un roman sans lire ?

Les livres audio, également disponibles en ligne, sont le meilleur moyen de continuer à apprendre lorsque vous n'avez pas le temps ou ne souhaitez pas consacrer du temps à la lecture.

Réunions de 15 minutes

Êtes-vous submergé de réunions et avez-vous du mal à accomplir votre vrai travail ? Il existe un remède très rapide ! Réduisez le temps de réunion à 15 minutes. Cela fonctionne particulièrement bien pour les réunions sur PC, car vous n'avez pas besoin de changer de salle de réunion.

Essayez ceci lorsque vous avez une réunion avec un seul sujet ou peu de participants. Cela fonctionne bien parce que cette règle oblige les gens à aller droit au but. Assurez-vous également de bien mettre au clair l'objectif de la réunion dans l'invitation.

Utiliser les pauses café pour des réunions rapides

Si vous avez besoin d'une pause, allez prendre un café avec quelqu'un à qui vous avez besoin de parler. De cette façon, vous pouvez éviter une réunion de plus et faire une pause-café en même temps.

Des rencontres en tête-à-tête pour des performances optimales

Lorsque vous travaillez efficacement, vous devenez plus productif. Si vous avez des conversations individuelles efficaces avec vos collègues, vous aurez globalement moins de réunions, car vous pourrez également prendre de meilleures décisions en peu de temps.

Que vous soyez manager, directeur, vice-président ou PDG d'une entreprise, vous ne pouvez pas et ne devez pas supprimer vos réunions en face à face avec vos employés. Si vous faites cela, vous perdrez beaucoup d'informations et manquerez l'opportunité de motiver vos employés.

Réunions-promenades

Le temps est superbe et vous êtes coincé en réunion toute la journée. Vous voulez sentir le soleil sur votre visage et respirer l'air frais, mais vous n'avez pas le temps.
Faites vos réunions à l'extérieur, promenez-vous dans les rues et discutez des sujets du jour pendant cette promenade. Cette astuce est idéale pour les conversations en tête-à-tête ou les réunions en très petits groupes.
Ainsi, vous retournerez à votre bureau plein d'énergie et reposé.

Travailler à domicile

La plupart des entreprises vous permettent de travailler à domicile. Si vous le pouvez, profitez de cette grande opportunité car elle offre de sérieux avantages. Non seulement vous économiserez le temps que vous passez sur la route et des frais de carburant, mais vous aurez aussi un avantage décisif en termes de productivité.
Travailler depuis chez soi signifie moins de distractions. Ainsi, vous pouvez vous concentrer intensément sur les grands projets et les tâches de planification, ou

prendre du recul pour réfléchir aux objectifs généraux en dehors du bureau.

Le principe de Pareto vous permettra d'améliorer la gestion de votre temps.

Que vous soyez un vétérinaire chevronné ou que vous démarriez votre entreprise, nous sommes sûrs que vous avez entendu parler de la règle des 80/20. Après tout, une chose est sûre : le principe de Pareto peut être appliqué à tout ce que vous faites, que ce soit dans votre vie professionnelle ou dans votre vie personnelle.

Si vous ne savez pas encore comment utiliser cette règle pour améliorer votre gestion du temps, ne vous inquiétez pas, tout sera bientôt plus clair. Le principe de Pareto peut être la réponse à beaucoup de vos problèmes.

Comment le principe de Pareto s'applique-t-il à la gestion du temps ?

Si vous avez une liste de dix activités, deux d'entre elles ont plus de valeur que les huit autres réunies.

Ne vous inquiétez pas si les chiffres ne correspondent pas exactement à 80% et 20%. L'idée est que la plupart des choses ne sont pas distribuées de manière égale. Cela signifie-t-il que vous devriez travailler moins ? Pas nécessairement. Au contraire, ce concept vous encourage à vous concentrer davantage sur les choses qui comptent le plus, notamment les tâches qui vous aideront à atteindre vos objectifs les plus significatifs.

Le principe de Pareto est sans doute la meilleure technique de gestion du temps qui soit. Au lieu de passer des heures à améliorer un site web, à réparer un robinet qui fuit ou à traiter les demandes du service clientèle, nous devrions externaliser ou déléguer ces tâches et nous concentrer sur des activités plus importantes qui contribueront à la croissance de l'entreprise.

Nous espérons que cela vous donne une idée de ce qu'est le principe de Pareto et comment il peut être utilisé pour améliorer la gestion du temps. Par où commencer ?

Repensez vos listes de choses à faire

Le principe de Pareto pourrait être la bonne méthode pour changer la façon dont vous créez vos listes de choses à faire. En général, ces listes comportent des éléments simples qui ne sont pas forcément essentiels. Vos listes de choses à faire doivent refléter vos priorités, tout en vous demandant si elles valent la peine que vous y consacriez du temps.

Pour tirer le meilleur parti du principe de Pareto, qui vous aidera à mieux gérer votre temps, commencez par hiérarchiser les tâches à accomplir en fonction de l'effort à fournir. Numérotez les différents points de un à dix, en indiquant par 1 la tâche qui demande le moins d'effort. Réfléchissez ensuite aux résultats positifs possibles de ces activités. Numérotez-les de un à dix, en considérant que le résultat qui a 10 sera une tâche prioritaire.

L'étape suivante consiste à reclasser les éléments de votre liste de choses à faire. Divisez le chiffre de l'effort par celui des résultats possibles. Cela vous donnera une idée de la hiérarchisation dont vous avez besoin pour gérer votre temps plus efficacement et augmenter vos résultats. Les tâches qui permettent d'obtenir les meilleurs résultats avec le moins d'efforts possible seront effectuées en premier. Les autres, qui demandent plus d'efforts et donnent peu de résultats, peuvent être reportées, voire supprimées de la liste.

Évaluez toutes vos activités et vos objectifs

Une autre approche consiste à identifier les 20% d'activités qui produisent 80% des résultats. Vous pouvez le faire en vous posant des questions comme :

- Est-ce que je considère que toutes mes tâches sont urgentes ?

- Est-ce que je perds trop de temps dans certaines activités ?
- Cette mission m'aidera-t-elle à atteindre mes objectifs ?
- Suis-je la personne la plus qualifiée pour ce travail ? Ou doit-il être fait par quelqu'un d'autre ?

Après avoir évalué vos tâches, nous vous recommandons d'évaluer également vos objectifs. Vous devez prêter attention aux 20% de vos tâches, qui vous aideront à atteindre votre objectif principal.

Par exemple, vous vous situez dans les 20 % de résultats les plus élevés lorsque vous travaillez sur des activités qui améliorent votre vie ou qui sont liées à la situation générale. De plus, si vous passez du temps à faire les choses que vous aimez et à déléguer celles que vous ne connaissez pas, ces 20% augmentent en positif.

Sachez quand vous êtes le plus productif

Il y a certainement un moment dans la journée où vous êtes plus alerte, plus concentré et plus énergique. Certains d'entre nous ont plus de motivation au milieu de la journée, d'autres très tôt le matin. D'autres, en revanche, sont plus productifs la nuit.

Certaines personnes se réveillent à 5 heures du matin, ce sont des lève-tôt. Pour eux, c'est le moment de la journée où ils accomplissent le plus de tâches. Il s'agit d'une méthode éprouvée pour obtenir des résultats efficaces et satisfaisants.

Éliminez les distractions qui vous importunent le plus.

Nous sommes perpétuellement entourés de distractions. Qu'il s'agisse d'une notification, d'un appel téléphonique, de quelqu'un qui frappe à votre porte ou des travaux de construction en cours de l'autre côté de la rue, les distractions sont partout. Malheureusement, même si vous vous efforcez de les ignorer, certaines sont inévitables. La bonne nouvelle est qu'en appliquant la règle des 80/20, vous pouvez les minimiser. 20% de vos distractions sont la cause de 80% de vos interruptions.

Créez un journal des interruptions, en gardant trace des distractions les plus fréquentes. Faites-le pendant une semaine. Faites une liste et vérifiez quels sont les éléments qui vous dérangent le plus. Si les courriels, les appels téléphoniques, les notifications sur les médias sociaux et les visiteurs non invités sont les distractions les plus courantes, trouvez un moyen de vous en débarrasser. Par exemple, vous pouvez désactiver toutes les notifications, fermer la porte de votre bureau et porter des boules Quies.

Ne faites pas de tâches à 10 balles

Évidemment, nous ne parlons pas de véritables tâches à 10 euros, mais de tâches mineures qui pourraient être déléguées à quelqu'un d'autre. Par exemple, vous pouvez engager un assistant personnel pour aller chercher vos vêtements à la blanchisserie ou gérer votre boîte de réception. Vous pouvez faire appel à un service de nettoyage pour votre maison et votre bureau. Cela peut certes coûter cher, mais vous pourrez utiliser ce temps supplémentaire pour vous concentrer davantage sur ce qui compte le plus.

Utilisation du principe de Pareto (règle des 80/20) : processus en trois étapes pour accélérer et optimiser le succès

Dans ce chapitre, nous verrons comment ce principe est mis en pratique et comment il peut radicalement optimiser votre vie.

En fait, les pourcentages que vous utilisez n'ont pas d'importance : 80/20, 75/25 ou même 90/10. Ce qui est vraiment important, c'est de comprendre qu'un plus petit pourcentage de vos activités est responsable de votre succès.

Les chercheurs ont constaté que le monde des affaires en général semble reposer sur le principe des 80/20, mais votre répartition peut varier en fonction de votre secteur d'activité, de vos objectifs et de vos expériences de vie.

Pour commencer, vous ne devriez donc pas vous concentrer sur un nombre spécifique mais sur la relation de cause à effet que le principe 80/20 tente d'inculquer.

Pour mieux comprendre comment ce principe s'applique à votre vie quotidienne, il est utile d'identifier les domaines dans lesquels vous avez des effets déséquilibrés.

De cette façon, vous pourrez ajuster votre temps. Y a-t-il des activités qui vous demandent beaucoup d'efforts mais qui produisent des résultats minimes ? Si oui, quelles sont-elles ?

En prenant conscience de ces "écarts de productivité", vous pouvez diminuer les tâches qui ne fonctionnent pas et redoubler d'efforts sur celles qui fonctionnent.

La numérotation des écarts de productivité devrait vous aider à identifier les domaines dans lesquels vous êtes doué. Pour vraiment maîtriser le principe 80/20, essayez d'identifier les activités clés qui vous permettent d'obtenir le plus de résultats.

Il peut s'agir des 20% d'activités professionnelles qui génèrent la plupart de vos revenus, ou des 30% de relations qui vous apportent le plus de bonheur.

Après avoir identifié les activités qui font la majorité de votre bonheur ou de votre réussite, passez davantage de temps à les faire.

C'est le concept central de la règle des 80/20. Il vous suffit de vous concentrer sur ce qui vous passionne et sur les activités qui produiront le meilleur retour sur investissement.

Même après avoir identifié vos activités principales et commencé à les pratiquer davantage, vous aurez peut-être encore du mal à adopter la règle des 80/20. Cela est généralement dû à l'une des raisons suivantes :

- **Vous ne faites pas ce qui vous passionne vraiment.**
- **Vous n'y consacrez pas assez de temps**
- **Vous laissez la peur se mettre en travers de votre chemin**

Il n'est pas toujours facile de faire ce que l'on aime, surtout si l'on vous a appris qu'il fallait aller à l'école, obtenir un diplôme et trouver un emploi confortable qui vous aide à payer les factures. Cela ne semble pas être une mauvaise situation, mais c'est généralement ce qui cause l'insatisfaction au travail.

Pas de panique !
Il existe une solution. Il est tout à fait possible de transformer votre passion en carrière, quelle qu'elle soit. Il est sage de suivre une vie répondant aux normes, surtout si vous avez des engagements

financiers, car il est irréaliste pour beaucoup de tout abandonner. Mais il n'est pas obligatoire de tout laisser tomber.

Vivre cette époque de la révolution technologique est formidable, car en dehors du travail, on peut facilement s'adonner à ses passions. Il n'a jamais été aussi facile de construire une seconde carrière, de créer une entreprise ou de s'exprimer de manière créative sans renoncer à sa carrière principale.

La peur de l'incertitude, de l'échec, du ridicule - toutes ces choses peuvent nous empêcher de donner le meilleur de nous-mêmes.

La peur de l'insécurité ne justifie pas l'acceptation d'une vie médiocre. La règle des 80/20 vous aidera à surmonter votre peur en vous faisant prendre conscience de ce que vous pouvez faire.

Lorsque les gens pensent à la réussite et à la richesse, ils ont généralement en tête l'image d'une personne riche.

En d'autres termes, ils pensent systématiquement aux revenus gagnés. Les gains se présentent cependant sous de nombreuses formes, notamment l'argent, la reconnaissance, le sentiment d'accomplissement ou d'autres gains matériels. Bien que ces éléments soient excellents, ne penser qu'aux récompenses est une compréhension unilatérale du succès.

Les leaders expérimentés savent que l'argent et la reconnaissance viennent naturellement lorsque vous créez de la valeur pour les autres.

Le principe de Pareto vous oblige à réfléchir à la manière dont vous pouvez servir au mieux les autres, que ce soit dans le cadre de relations professionnelles ou personnelles. Plus vous créez de valeur pour les autres (output), plus vous pouvez créer d'input.

Comment effectuer une analyse "80/20".

Il est temps maintenant d'entrer dans le vif du sujet de la règle des 80/20. Vous entendrez le mot "analyse" à maintes reprises.

Ne vous inquiétez pas : aucun chiffre ne sera utilisé dans cette analyse. Nous voulons que vous réfléchissiez bien à ce que vous attendez de la vie et quelles sont les variables X, Y et Z qui sont responsables de 80% des résultats positifs.
Il existe une technique claire et simple pour appliquer le principe 80/20. Vous devrez toujours effectuer une analyse 80/20 pour déterminer les 20% de causes qui provoquent 80 % des effets.

Étape 1 : Identifiez le cœur de l'analyse 80/20.

Vous devriez maintenant être familiarisé avec le principe 80/20 et ce qu'il signifie. Vous avez probablement déjà une idée des 20% qui sont à l'origine de 80% de vos succès au travail, dans votre vie quotidienne et dans tout autre aspect de votre vie. Il est temps de mettre l'analyse en place.

Effectuer une analyse 80/20 n'est pas aussi difficile qu'il n'y paraît. Tout ce que vous avez à faire, c'est de vous poser les questions suivantes :

- **Quels sont les 20% qui causent 80% de mes problèmes ?**

- **Quels sont les 20% qui provoquent 80% des résultats que je souhaite ?**

Comme mentionné précédemment, le principe 80/20 s'applique à presque tous les aspects de la vie. Si vous êtes propriétaire d'une petite entreprise, vous découvrirez rapidement qu'environ 80% de vos ventes proviennent de 20% de vos clients.

Si vous travaillez pour une entreprise, vous avez certainement remarqué que 20% des employés sont responsables de 80% des résultats.

Mais la règle ne s'arrête pas là, puisque vous pouvez y associer pratiquement tous les aspects de votre vie.

Lorsque vous avez dix amis, il y a de fortes chances pour que seuls deux ou trois d'entre eux soient responsables de votre bonheur ou du temps agréable que vous passez. Avez-vous déjà pensé à vos vêtements ? 80% du temps, vous ne portez que 20% du contenu de votre garde-robe.

Le principe 80/20 dans le monde du travail et des affaires est facile à comprendre : les entrepreneurs doivent concentrer leur énergie sur les 20% de clients qui génèrent la majorité des ventes.

Vous devez consacrer plus d'énergie à ces clients et accepter moins de contrats, qui demandent généralement beaucoup plus d'efforts pour une rémunération beaucoup moins élevée.

De même, une entreprise de 100 employés devrait envisager de "restructurer" son organisation pour récompenser les quelques 20 employés qui font tout le travail.

Lorsque 80% de vos amis ne vous donnent que 20% de satisfaction, il est temps de repenser vos fréquentations, ou au moins de passer plus de temps avec les 20% de personnes qui contribuent le plus à votre bonheur.

Si vous passez 80% de votre temps à regarder des films et à jouer à des jeux vidéo et que vous n'êtes toujours pas satisfait, il est temps de réorganiser votre temps.

En vous posant les deux questions précédentes, vous aurez une idée plus précise des changements que vous devez apporter dans votre vie.

Étape 2 : Posez-vous les questions suivantes

- **Si je ne pouvais travailler que deux heures par jour, que ferais-je ?**
- **Si je ne pouvais travailler que deux heures par semaine, que ferais-je pendant mon temps libre ?**
- **Quelles sont les principales activités qui me permettent de me sentir productif ?**

- **Quelles sont les activités que je n'aime pas faire et qui me prennent le plus de temps ?**
- **Comment puis-je maximiser ce que j'aime faire et ce pour quoi je suis bon et minimiser ce que je n'aime pas faire et ce pour quoi je ne suis pas très bon ?**

Prenez du papier et un stylo et répondez à ces questions. Soyez honnête avec vous-même, ne pensez pas que vos idées sont "stupides". Prenez le temps de découvrir ce qui compte vraiment dans votre vie.

- **Dans quel domaine êtes-vous bon ?**
- **Qu'est-ce que vous aimez faire ?**
- **Qu'est-ce qui vous rend anxieux ?**
- **Et enfin... qu'est-ce qui vous rend heureux ? Quelle activité vous fait perdre toute notion du temps et oublier tous vos problèmes ?**

Dans l'étape 2, une petite révolution aura lieu.

Réfléchissez longuement et sérieusement à ces questions. Notez les activités qui vous font sentir le plus productif et celles que vous appréciez le plus.

Si nous reprenons l'exemple des entreprises, vous vous rendez dorénavant compte à quel point il est temps de vous éloigner des 80% de clients qui ne réalisent que 20% de vos ventes.

Votre temps sera bien mieux employé à servir les 20% de vos clients les plus importants, à faire encore plus pour gagner leur confiance et à augmenter ainsi vos revenus.

L'un des meilleurs moyens d'y parvenir est d'obtenir des recommandations, d'augmenter vos tarifs et de n'accepter que des missions relevant de votre domaine de compétence. Cela peut être fatigant au début, mais cela portera rapidement ses fruits.

En ce qui concerne les relations, l'étape 2 vous permet d'identifier les personnes qui maximisent votre bonheur.

Si seuls deux ou trois de vos meilleurs amis sont la cause principale de votre bonheur, passez plus de temps avec eux ! Si vous n'aimez pas certains de vos amis parce qu'ils vous empêchent de vous épanouir, que ce soit mentalement ou professionnellement, il est peut-être temps de prendre vos distances.

Si vous ne vous sentez pas bien dans environ 20% des vêtements que vous portez 80% du temps, il est temps de changer complètement votre garde-robe ou de passer à quelque chose de plus approprié.

Même en termes d'alimentation, lorsque 20% des aliments que vous mangez 80% du temps vous rendent malade, il est temps de commencer un nouveau régime.

Remplacez les plats de McDonald's par de la viande maigre, les pizzas par des aliments riches en protéines, les poissons surgelés et les frites par tout ce qui contient des vitamines !

Étape 3 : Action

L'objectif de cette étape est d'augmenter vos activités les plus positives. Les activités que vous considérez comme les plus négatives doivent figurer sur votre liste "à ne pas faire".

Cela signifie que vous devez déterminer quelles tâches peuvent être déléguées, automatisées ou carrément éliminées.

Premièrement, il faut s'efforcer de supprimer le plus grand nombre possible de tâches.

Créez un plan détaillé pour augmenter votre temps et votre concentration sur votre liste de tâches à faire.

Faire une liste de choses à faire peut sembler trivial. Nous pourrions écrire d'innombrables pages pour vous expliquer le lien mental entre la rédaction de listes et l'action, mais l'argument principal est le suivant : votre esprit, votre capacité à penser, à planifier et à décider est votre outil le plus puissant pour surmonter la procrastination et augmenter votre productivité. Votre capacité à fixer vos objectifs, à planifier et à agir déterminera le cours de votre vie. La réflexion et la planification libèrent également vos pouvoirs mentaux, déclenchent votre créativité et augmentent votre énergie mentale et physique.

Lorsque l'on considère à quel point la planification peut être utile pour accroître la productivité et les performances, il est surprenant de constater le nombre de personnes qui la pratiquent chaque jour. La planification est très simple. Tout ce dont vous avez besoin, c'est d'une feuille de papier et d'un stylo. Même les *logiciels de planification* les plus sophistiqués reposent sur ce principe : créer une liste de tâches avant de commencer à faire quoi que ce soit.

Bien sûr, il ne s'agit pas seulement de dresser une liste. Cependant, lorsque vous écrivez vos plans et vos objectifs, vous commencez automatiquement à vous concentrer sur le chemin à suivre. C'est le point de départ du principe 80/20.

Nous vous avons montré comment effectuer l'analyse, comment identifier les 80/20 et comment vous poser les bonnes questions pour mettre en avant vos passions, vos facteurs de productivité et les choses qui vous rendent heureux.

Débarrassez-vous de tous les aliments de mauvaise qualité qui vous rendent malade, des clients peu dépensiers qui vous donnent des maux de tête et de ce groupe d'amis qui vous ennuient. Éliminez tout ce qui fait obstacle à vos objectifs, à votre productivité et à votre bonheur.

Ainsi, vous économiserez 80% de votre temps. Vous pourrez alors améliorer votre travail, votre vie personnelle et votre bonheur en général.

Vous saurez avec qui vous devez passer le plus de temps, quelles compétences vous devez mettre en avant et comment structurer votre journée pour qu'elle soit productive. Il est maintenant temps de combler ces moments peu enrichissants.

La règle des 80/20 dans le monde réel

Il existe de nombreuses façons de décrire le principe de Pareto.

Que vous souhaitiez améliorer vos objectifs professionnels ou personnels, votre première analyse 80/20 devrait être une découverte personnelle.

Projets

80% des résultats sont obtenus grâce à 20% de vos efforts. La gestion d'un projet implique généralement de le décomposer en plusieurs étapes ou parties. Que vous réalisiez une étude scientifique ou lanciez un nouveau produit sur le marché, un effort de 20% produit généralement 80% des résultats de ce projet.

Employés

20% des employés produisent 80% des résultats. Il n'est pas difficile de séparer les meilleurs élèves des autres ou de voir quels employés produisent le plus.

20% des employés assurent 80% de l'activité. Les 20% de vendeurs les plus doués sont responsables de la grande majorité des revenus d'une entreprise.

Ventes

80% de vos ventes sont produites par 20% de vos clients. Que votre entreprise ne compte que 10 ou 10 millions de clients, l'essentiel de l'activité est généré par les clients les plus importants.

80% de vos ventes proviennent de 20% de vos produits ou services. La diversification des produits peut être importante en théorie, mais elle est rarement utilisée dans la pratique. Vous pouvez avoir 100 produits, mais seuls 20 d'entre eux se vendront majoritairement.

Relations

80% de votre vie sociale vient de 20% de vos amis. Ce fait pourrait être à la fois positif et négatif ! Tout dépend si ces amis vous apportent joie et satisfaction. Un homme sage a dit un jour : "Dis-moi avec qui tu passes ton temps et je te dirai qui tu es".

Finances

Les 20% des personnes les plus riches possèdent 80% des richesses. C'est la découverte qu'a fait Vilfredo Pareto en 1906 et qui a donné naissance au terme "Principe de Pareto". Aujourd'hui, les 20% les plus riches de la population mondiale possèdent environ 83 % de la richesse totale du monde.

Votre vie « 80/20 »

En vous concentrant sur ce qui vous inspire, en analysant le déséquilibre des effets dans votre vie et en vous efforçant de produire de précieux résultats, vous pouvez commencer à vivre un style de vie "80/20".

En appliquant ce que vous venez d'apprendre, le rapport 80/20 devrait être très facile à identifier, dans tous les aspects de votre vie.

Personne ne dit que le principe 80/20 est facile à mettre en pratique. En fait, si vous disiez à une entreprise de se débarrasser de 80% de ses clients et de se concentrer sur les 20% qui lui rapportent la plus grande partie de ses revenus, de nombreux entrepreneurs et propriétaires de petites entreprises seraient sceptiques.

Si vous dites à un freelance établi de commencer à facturer 50 € de l'heure au lieu de 40 €, il aura forcément des hésitations.

Bien sûr, il ne s'agit pas de dire aux gens de changer leur mode de vie du jour au lendemain ou d'encourager les entreprises à se débarrasser de leurs clients.

L'objectif est de les amener à se concentrer sur les compétences, les activités et les relations qui leur apporteront le plus de résultats positifs.

Une fois ces compétences, activités et relations identifiées, le principe 80/20 suggère de passer plus de temps à les exécuter, en éliminant lentement, en déléguant ou en automatisant les activités qui font obstacle à une plus grande réussite.

Une fois que vous aurez compris cela et surmonté la peur de la perte, vous utiliserez vraiment le principe 80/20 efficacement.

Faites donc un effort pour faire partie des 20% des employés de votre entreprise qui produisent 80% de la valeur. Concentrez-vous sur l'amélioration des 20% de tâches qui génèrent 80% de vos revenus, de votre succès, de votre bonheur ou de tout ce qui pourrait améliorer votre vie.

La règle des 80/20 pour perdre du poids

L'un des plus grands dangers d'un régime alimentaire est la restriction. Vos aliments préférés, peut-être même des groupes alimentaires entiers, vous sont interdits. Vous êtes peut-être enthousiaste à l'idée de perdre du poids, mais vous ne devrez pas manger de glaces, de chocolat et de chips. Y a-t-il des régimes alimentaires qui ne nécessitent aucune privation, vous évitant ainsi la frustration d'abandonner tous vos plaisirs gustatifs ?

Appliquez la règle des 80/20, qui repose essentiellement sur le dicton "manger de tout mais avec modération" : manger sainement 80% du temps, ne s'adonner à la malbouffe que 20% du temps. Ça a l'air génial, n'est-ce pas ? Apprivoisez cet état d'esprit pour vous remettre en forme.

Cependant, suivre la règle des 80/20 ne consiste pas simplement à manger des salades 80% du temps et d'énormes bols de glace les 20% restants. Il existe des méthodes spécifiques pour réussir à perdre du poids. Si vous utilisez bien vos cartes, cette approche de l'alimentation pourra vous aider à atteindre vos objectifs.

Voici tout ce que vous devriez savoir sur la perte de poids grâce à la règle des 80/20.

Comment appliquer la règle des 80/20 pour perdre du poids ?

Si vous voulez perdre du poids, vous pouvez appliquer la règle des 80/20, que beaucoup de gens appellent aussi le régime 80/20. Ce n'est pas vraiment un régime au sens traditionnel du terme, mais cela vous permettra de comprendre que de nombreux domaines de la vie exigent de la modération. Il suffit de petites restrictions pour constater de grands changements. Il n'est pas nécessaire de se restreindre au point de se sentir frustré. Si vous n'avez pas l'impression de suivre un régime, vous pourrez maintenir ce mode d'alimentation sur le long terme. C'est un excellent moyen de perdre du poids.

Pour appliquer cette règle à votre alimentation, mangez des aliments sains ou "conformes" 80% du temps et mangez plus librement les autres 20% du temps. La partie cruciale de ce plan consiste à déterminer quels aliments contiennent de bonnes calories et lesquels contiennent moins de macronutriments sains. Il est important de comprendre le rapport entre les bonnes calories, telles que les fruits, les légumes, les noix, les graines et les haricots, et les "mauvaises" calories, telles que les sucres raffinés, les céréales raffinées, le fromage et d'autres protéines animales riches en graisses.

Voici quelques aliments recommandés pour une alimentation saine à 80 % :

- **Fruits, légumes et légumineuses**
- **Viande maigre**
- **Fruits de mer riches en acides gras oméga-3**
- **Céréales complètes**
- **Produits laitiers à faible teneur en matière grasse**
- **Graisses monoinsaturées provenant des noix, des graines, des fruits secs et de l'huile d'olive**

Aliments recommandés pour les 20% les moins sains :

- **Les aliments riches en graisses saturées (comme le poulet frit, le fromage et le bacon)**
- **Les aliments très transformés (crème glacée, pizza, céréales)**
- **L'alcool**
- **Le sucre blanc et les féculents raffinés**

En fonction de vos besoins caloriques et de vos objectifs de perte de poids, vous devrez peut-être inclure certains aliments sains dans la catégorie des 20% (comme les protéines animales, les céréales et les produits laitiers). Ces aliments peuvent faire partie d'un régime alimentaire sain pour de nombreuses personnes, mais d'autres peuvent se sentir mieux ou réussir à perdre plus de poids lorsque ces aliments sont considérés davantage comme une friandise. Pour savoir quels types d'aliments et de nutriments sont sains et lesquels ne le sont pas, vous devriez vous adresser à un nutritionniste.

Comment calculer ces pourcentages et les appliquer à votre apport calorique réel ?

Si vous voulez obtenir des résultats satisfaisants, vous devrez faire quelques calculs.

Avant de commencer, il est bon de faire le point sur vos apports quotidiens et hebdomadaires en notant les calories consommées pendant quelques jours, au cours d'une semaine type de travail ou d'école, et aussi le week-end, en particulier ceux pendant lesquels vous consommez de l'alcool et des aliments riches en calories.

Cela vous donnera un aperçu de la quantité de calories que vous consommez par jour au cours d'une semaine. Il est utile de connaître ces paramètres, car certains jours, vous mangez certainement plus et d'autres moins (peut-être que lorsque vous faites du sport, vous avez plus d'appétit).

À partir de ces données, vous pouvez déterminer comment faire votre répartition en pourcentage. Vous pouvez calculer combien de calories représentent 80% de votre apport quotidien ou hebdomadaire, ou compter combien de repas et de collations représentent 80% de votre régime alimentaire total. Tout le reste sera alors considéré comme les 20 % restants.

Peu importe que vous appliquiez la règle des 80/20 tous les jours (comme trois repas sains et un repas libre) ou sept jours par semaine (comme manger sainement pendant cinq jours et ne pas suivre de régime pendant deux jours).

Quoi qu'il en soit, cette approche du régime a ses avantages et ses inconvénients.

Pour ce qui est des dangers, quand on mange en suivant la règle des 80/20, il est assez facile de faire des erreurs.

Erreur n°1 : Manger des aliments trop pauvres en nutriments

Si vous mangez sainement pendant cinq jours et que vous vous goinfrez ensuite de malbouffe, de restauration rapide et de boissons sucrées les deux autres jours, il est peu probable que vous perdiez du poids. En fait, vous pourriez même en prendre. Au lieu de cela, vous devriez continuer à manger des aliments sains pendant ces 20% libres et essayer de continuer à manger des aliments nutritifs en permanence.

Erreur n°2 : Manger trop de nourriture saine

Oui, manger des aliments sains en trop grande quantité est aussi une erreur. N'oubliez pas qu'en général, la perte de poids ne se produit que lorsque votre apport calorique est inférieur à vos dépenses. Si vous mangez énormément d'aliments "sains", vous pouvez ingérer tout autant de calories que si vous vous laissiez aller à une modeste récompense.

Limiter son alimentation malsaine à 20% du temps ne signifie pas que vous avez les mains libres pour manger quantitativement plus les jours sains.

Erreur n°3 : Ne pas considérer la situation dans sa globalité

Même si vous suivez le principe 80/20, négliger d'autres aspects de votre santé pourrait vous empêcher de perdre du poids. Vous devez bien sûr réduire vos portions, faire de l'exercice régulièrement et boire beaucoup d'eau.

À quoi ressemble réellement un régime 80/20 ?

Vous avez maintenant (nous l'espérons) découvert que le régime 80/20 n'est pas une simple transition vers des aliments sains. Comment commencer à manger comme un pro en suivant la règle des 80/20 ? Tout dépend si vous appliquez la règle à votre apport calorique quotidien ou hebdomadaire.

Manger quotidiennement selon la règle des 80/20 :

Vous devez composer la plupart de vos repas et collations avec des aliments sains et nutritifs. Les 20% restants peuvent être constitués d'un sac de chips l'après-midi, d'un verre de vin au dîner ou de quelques morceaux de chocolat noir pour le dessert.

N'oubliez pas que, même si vous avez le droit de vous faire plaisir, il n'est pas raisonnable de manger la moitié d'un plat de brownies et de considérer cela comme un "casse-croûte". Ne vous attendez pas à perdre du poids de cette manière (même si vos autres repas sont sains !). Les 20% font référence au rapport entre les "bons" et les "mauvais" aliments, mais aussi à la quantité de calories consommées chaque jour.

Manger selon la règle des 80/20 chaque semaine :

Respectez vos objectifs caloriques pendant cinq jours consécutifs (pendant la semaine de travail). Vous ne devez pas être trop dur avec vous-même - cela pourrait vous amener à faire trop d'excès pendant le week-end - mais vous devez essayer de faire des choix sains autant que possible du lundi au vendredi. Le week-end venu, soyez plus souple avec vos objectifs nutritionnels.

Manger en excès pendant vos 20% libres, comme de la restauration rapide à chaque repas, ne vous aidera pas à atteindre vos objectifs de perte de poids. Par exemple, profitez d'une portion raisonnable de vos céréales préférées au petit déjeuner, d'un déjeuner sain, d'un verre d'alcool au dîner avec des frites, et peut-être d'une part de gâteau aux carottes au dessert.

Quels sont les avantages et les inconvénients de ce régime ?

Comme littéralement tous les autres régimes de la planète, la règle des 80/20 fonctionne pour certaines personnes, mais pas pour tout le monde. Elle présente des avantages et des inconvénients, que vous devez absolument prendre en considération si vous voulez essayer de la suivre.

Avantages :

Il n'est pas nécessaire de compter les calories ou de peser les aliments. Vous préférerez peut-être surveiller les calories ingérées pour vous assurer de respecter le ratio 80/20, mais ce n'est pas un élément essentiel de ce régime.

Cette règle peut vous encourager à faire des changements de mode de vie sur le long terme. Elle peut convenir aux personnes qui sont tellement occupées par leur travail, leurs enfants et leurs activités qu'elles n'ont pas le temps de suivre un régime plus strict, mais qui souhaitent néanmoins essayer d'avoir une alimentation plus saine et plus équilibrée.

Il n'y a pas de limite. Le régime 80/20 ne vous oblige pas à limiter la quantité totale de nourriture que vous mangez, vous pouvez donc manger à votre faim, sans avoir l'impression d'être affamé en permanence comme dans la plupart des régimes. La capacité à contrôler sa faim est l'un des secrets de la réussite d'un plan alimentaire à long terme.

Inconvénients :

L'absence de comptage des calories signifie une moindre connaissance des calories ingérées. L'un des inconvénients d'une approche fondée sur la modération est que nous avons souvent tendance à surestimer nos choix sains et à sous-estimer nos choix malsains. Sans un système de contrôle détaillé, ce que vous considérez comme un régime 80/20 pourrait en fait être un régime 60/40.

C'est également un régime qui pourrait ne pas fonctionner combiné à d'autres régimes comme le régime cétogène. Manger beaucoup de protéines animales riches en graisses et assouplir les limites en ce qui concerne les glucides 20% du temps peut rendre la perte de poids difficile.

L'étiquetage des aliments comme étant "bons" ou "mauvais" peut être difficile pour ceux qui ont des antécédents de troubles alimentaires ou de problèmes d'image corporelle, ou qui sont même sensibles aux influences de la culture alimentaire. Un seul repas malsain ne ruine pas tout votre régime alimentaire : c'est la fréquence et la quantité de certains aliments que nous consommons qui contribuent à notre santé. Tous les aliments, y compris les "bons" aliments, peuvent être nocifs si nous ne les mangeons pas avec modération.

Conclusion : pour les personnes qui souhaitent revoir leurs habitudes alimentaires à grande échelle, l'application de la règle des 80/20 offre suffisamment de souplesse pour apprendre à faire chaque jour des choix plus intelligents et plus sains. Si vous avez besoin de directives strictes en matière de calories et de nutriments, les limites abstraites de la règle des 80/20 peuvent conduire à la frustration ou à l'échec.

Pourquoi la règle des 80/20 pourrait être la clé d'un rendez-vous réussi

Nous vous avons parlé de la règle des 80/20 en matière de travail, mais il y a un autre domaine de votre vie auquel vous devriez appliquer ce principe : les relations.

Dans ce cas, la théorie dit qu'une relation saine devrait être constituée à 80% d'aspects que vous partagez et de 20% d'aspects que vous ne partagez pas, mais avec lesquels vous pouvez vivre. En d'autres termes, vous ne trouverez jamais une personne qui soit à 100% ce que vous voulez, mais lorsque vous avez une relation qui est à 80% géniale, vous pouvez ignorer les 20% restants.

En fait, c'est même rassurant : au lieu d'être obsédé par la recherche de la relation "parfaite" - ce qui est impossible parce que rien n'est parfait - la règle des 80/20 donne la permission d'embrasser nos relations et d'accepter nos partenaires tels qu'ils sont (et de nous accepter comme nous sommes de manière générale).

Cela semble parfait, mais comment appliquer une telle règle d'un point de vue psychologique. Qu'est-ce qui est considéré comme "ok" en ce qui concerne la partie « imparfaite » de 20% ? Voici quelques raisons pour lesquelles vous devriez mettre ce principe en pratique dans le domaine des rencontres.

C'est génial pour votre esprit.

La règle des 80/20 représente assez bien la réalité et il est sain d'équilibrer nos attentes avec la réalité. Même si vous croyez en l'idée d'une âme soeur, notre idéal physique, mental et spirituel peut ne pas résister à la liste rigoureuse d'exigences que nous avons tous à l'esprit dans nos relations avec les autres.

Tout le monde n'est pas grand, portant une belle écharpe de laine, ne se rongeant pas les ongles et aimant lire au lit tout en écoutant de la musique classique venant d'un haut-parleur de qualité - et bien que vos critères de la perfection ne soient pas ceux-ci, vous aurez beaucoup de mal à trouver la personne « parfaite ». Nous, les humains, sommes comme ça : nous avons tendance à chercher les défauts comme les cochons cherchent les truffes.

Des attentes plus réalistes entraînent moins de stress, plus d'estime de soi et de meilleures relations. Il est plus relaxant et plus réaliste de se détendre dans une relation principalement bonne que de rechercher sans cesse le Saint Graal de la perfection. Accepter ce fait vous fera vous sentir mieux.

Cela vous rapproche de la réalité

La relation 100% parfaite est "une chimère" qui nous empêche de grandir et de cultiver des relations durables. Au lieu de cela, accepter la vie réelle pour ce qu'elle est, c'est comprendre et accepter que les gens, comme tout le monde, ont des défauts. De cette façon, vous êtes sur la voie d'une vie meilleure.

Bien sûr, cela ne veut pas dire qu'il faut se contenter de quelqu'un qui ne vous convient pas. En pratique, la théorie des 80/20 consiste plutôt à se rappeler que personne n'est parfait et à profiter de votre relation imparfaite, qui est de toute manière belle, ou qui peut être belle justement à cause de ses imperfections. Il est assez courageux et révolutionnaire pour les gens d'abandonner leurs fantasmes et de commencer à pratiquer l'acceptation et la gratitude, de manière à minimiser leurs problèmes.

C'est un rappel que nous sommes tous humains, absolument tous.
Le point est que les gens ont aussi leurs problèmes : nous avons tous des bizarreries et des particularités, nous tombons malades, nous nous mettons en colère et nous nous laissons envahir par le stress. La première, la dixième ou la centième fois où

une personne manifeste ses "défauts" ou ses "faiblesses", les premiers doutes surgissent : dois-je partir ? Cette personne que j'ai trouvée si merveilleuse la semaine dernière, n'est-elle en réalité pas faite pour moi ?

Bien que ces questions soient tout à fait valables - et il se peut que la réponse soit "oui" - lorsque vous êtes dans une relation, le fait qu'une personne devienne trop attachée ou trop distante n'est pas une raison pour rompre. C'est juste un rappel que vous et votre partenaire êtes tous deux humains. Ignorer ou éviter ce fait revient essentiellement à rester dans l'enfance, à cultiver un fantasme, et à passer à côté du vrai caractère de la vie et des gens.

Cela favorise l'optimisme

L'astuce consiste à apprécier réellement les problèmes que vous et votre partenaire rencontrez. Pensez-y : voudriez-vous être avec quelqu'un d'autre ? Les petits détails sont-ils vraiment importants ? Non, parce que le fait que nous soyons bloqués sur de petites choses a un effet négatif sur nous. La prochaine étape consiste à accroître le niveau de conscience. La clé d'une bonne relation est de comprendre où se situent vos problèmes plutôt que d'essayer de les éliminer complètement.

Cela élimine l'égocentrisme

Qu'est-ce qui est alors considéré comme "positif" dans la partie "imparfaite" des 20% ? La culture du "je" dans laquelle nous vivons nous dit de toujours nous mettre en avant (malgré le fait que nous sommes très critiques envers nous-mêmes et les autres). Le fait d'essayer de pratiquer l'acceptation et la gratitude pour tout ce qui ne met pas en danger votre personne ou vos valeurs fondamentales est bénéfique. Cela pourrait être bénéfique à la fois pour vous et votre relation.

Il est évident qu'il n'y a aucun avantage à pratiquer la règle des 80/20 dans une situation d'abus physique, émotionnel ou sexuel. Si vous avez une incertitude et n'êtes pas sûr qu'une certaine bizarrerie ou qu'un certain aspect de la personnalité de votre partenaire soit acceptable, une thérapie de couple pourrait vous aider à clarifier vos doutes.

Cela vous aidera à résoudre vos problèmes

Nous avons tendance à attendre la relation parfaite pour éviter de traiter nos problèmes d'intimité et de perfectionnisme. Une fois que nous avons pris nos responsabilités, nous pouvons enfin être plus honnête envers nous-mêmes et notre partenaire.

Après avoir fait le point sur tout, reconnu que personne n'est parfait et avoir accepté l'imperfection, nous nous retrouvons face à la vie réelle. Nous pouvons remettre en question nos idées sur la perfection et commencer à redéfinir ce qu'est la perfection en nous basant sur la réalité plutôt que sur la fantaisie. Nous pouvons commencer à avoir une attitude plus positive.

Les nouveaux 20%.

C'est simple : si vous souhaitez poursuivre une relation, c'est pour avoir une vie meilleure, et non pire. Si vous n'êtes pas sûr, parlez à quelqu'un, comme un thérapeute ou une personne de confiance qui vit le type de relation que vous souhaitez avoir.

Changer de partenaire ne résoudra pas tous vos problèmes. Vous trouverez de nouveau 20% d'imperfections dans cette nouvelle personne mais vous aurez le cas échéant, une nouvelle opportunité de pratiquer l'acceptation et la gratitude. Si nous voulons mener une vie saine et heureuse et que nous mettons toute notre énergie à essayer d'adapter nos attitudes, nous serons plus disposés à changer tout ce que nous pensons être mauvais.

Cela s'applique à tous les aspects de la vie

La théorie des 20% imparfaits s'étend à tous les aspects de la vie. Dès que le lave-vaisselle est réparé, par exemple, le chien tombe malade. Certes, on résout les problèmes, mais on ne les éradique pas pour toujours, quels que soient les moyens financiers et le temps que l'on investit pour les éliminer.

Au lieu de paniquer à chaque fois que quelque chose tourne mal, la règle des 80/20 dans les relations - et dans la vie - stipule qu'il faut accepter le fait que rien ne sera jamais parfait.

Conseils en matière de relations

Comprendre le concept de la règle des 80/20 peut être un peu déroutant ou même peu familier pour certaines personnes.

C'est une faille fatale de l'ADN humain qui nous fait croire que l'herbe est toujours plus verte chez le voisin.

Nous nous disputons avec notre partenaire, nous avons l'impression qu'il ne nous aime pas, nous nous séparons à cause de ces 20% sans même considérer la partie la plus positive, qui prend pourtant un pourcentage plus important.

Disons que vous sortez avec quelqu'un qui est loyal, engagé et qui vous montre qu'il se soucie de vous.

D'un autre côté, il y a des petites choses qui vous font vous sentir négligé, comme le fait qu'il passe trop de temps à jouer à des jeux sur PC, qu'il s'endorme très vite ou qu'il ne prenne pas autant de plaisir que vous à socialiser.

Au lieu de vous concentrer sur la partie la plus importante et sur le fait que vous avez

80% des choses que vous voulez, vous devenez obsédé par la partie négative et vous vous y accrochez tellement que vos problèmes deviennent plus profonds et plus importants.

Alors peut-être entendez-vous vos amis parler de ces 20% de choses qu'ils ont et que vous n'avez pas et vous êtes jaloux. Vous vous rendez compte que les aspects dont vous rêvez sont réalisables et vous vous demandez pourquoi votre partenaire n'est pas comme ça.

Cependant, si vous prenez un moment pour respirer et réfléchir, vous remarquerez que 80% des choses que vous avez sont positives.

Il en serait de même si vous rencontriez quelqu'un qui possède ce petit pourcentage que vous désirez, qui vous semble idéal et attirant.

Vos pensées sont tellement obscurcies par ces 20% que vous ne pouvez plus considérer le positif que vous possédez déjà. Vous ne voyez pas que votre partenaire a déjà 80% d'aspects positifs.

Vous rappelez-vous quand nous vous avons dit que l'herbe est toujours plus verte chez le voisin ? Si vous avez l'impression que c'est votre cas, que votre relation ou toute autre chose est moins bien que celle de quelqu'un d'autre, cela ne veut pas dire que c'est vraiment le cas.

Comment pouvez-vous appliquer la règle des 80/20 dans une relation et ainsi améliorer votre vie amoureuse ?

 # Arrêtez d'attendre de votre partenaire qu'il soit parfait

Appréciez ce que vous avez au lieu de pleurer sur les petites choses qui vous manquent. Votre partenaire n'est pas et ne doit pas être parfait.

Personne n'est parfait, les gens ne peuvent pas se comporter exactement comme vous le souhaitez, ils ne sont pas dans votre tête, ils voient les choses différemment.

Avouez que vous n'êtes pas parfait non plus. Vous n'avez peut-être pas ces 20% que votre partenaire aimerait avoir, mais vous possédez certainement 80% de choses dont il ne peut se passer.

#Arrêtez de vous comparer aux autres

Vous n'êtes pas votre petit ami ou votre petite amie. Vous ne pouvez pas agir comme il ou elle le fait ou faire des choses que vous pensez être géniales.

Il est important que vous réalisiez que vous et votre partenaire êtes deux personnes complètement différentes ; vous n'avez pas non plus à vous comparer aux autres couples que vous connaissez, et vous devez prendre conscience que de toute façon, vous ne pourriez pas leur ressembler même en vous y efforçant.

De plus, vous ne connaissez que la version qu'on vous raconte, qui peut être exagérée, un peu enjolivée, et vous ne savez pas ce qu'il y a sous cette surface en apparence parfaite.

Rappelez-vous que personne n'est parfait à 100%, que rien n'est jamais parfait et que tout le monde a au moins 20% d'imperfections.

Concentrez-vous davantage sur votre relation et ne perdez plus de temps à faire des comparaisons. Cela n'est ni pertinent ni nécessaire, et cela fait bien plus de mal que de bien à votre relation.

#Cela commence par vous

Beaucoup de gens voient toujours le négatif chez leur partenaire, sans considérer qu'il y a des raisons sous-jacentes aux comportements de chacun ou qu'on ne peut pas toujours être parfait.

Ne soyez pas l'une de ces personnes. Soyez réaliste et comprenez qu'aucun d'entre nous n'est parfait. Nous sommes tous imparfaits à notre manière.

Prenez un peu de temps pour réfléchir et réévaluer vos pensées, vos désirs et vos actions avant de critiquer votre partenaire et de lui faire porter toute la culpabilité.

Si vous êtes impulsif, comptez jusqu'à dix avant de réagir. Vous pourriez vous aussi vous être trompé.

#Comprenez ce que vous voulez vraiment

La source de tous les problèmes que l'on place dans ces 20%, pourrait être notre incapacité à être honnête avec nous-mêmes.

Il est temps de le devenir. Prenez un stylo et un morceau de papier et écrivez tout ce que vous attendez de votre partenaire et de votre relation.

Notez toutes les choses que vous pensez que votre partenaire devrait faire. Notez également les choses dont vous êtes responsable ou que vous pourriez améliorer par vous-même.

Relisez maintenant ce que vous venez d'écrire. Obtenez-vous la plupart des choses que vous attendez de votre partenaire ? S'il lisait votre liste, voudriez-vous qu'il ignore les points négatifs et se concentre davantage sur les points positifs ?

Si la réponse est oui, ces 20% ne sont alors pas très importants, ils ne vous sont pas nécessaires.

#Trouvez qui vous êtes

C'est la raison pour laquelle la plupart d'entre nous ne savent pas ce qu'ils veulent. Ils oublient de penser. Vous devez connaître vos désirs, vos préférences, vos objectifs et savoir ce qui est réalisable et ce qui ne l'est pas.

Pour avoir une relation saine et fonctionnelle, il faut s'aimer soi-même. Vous devez aimer votre vie et la vivre pleinement.

Il n'y a personne d'autre que vous qui puisse rendre votre vie complète, alors assurez-vous de travailler sur ce point.

#Déterminez l'objet de votre relation

Pour appronfondir le point précédent, il est important de mentionner que les gens ont tendance à se lancer par hasard dans une relation dans l'espoir (parfois même inconsciemment) d'en tirer quelque chose.

Ils cherchent surtout quelqu'un qui les rende heureux. Ne tombez pas dans ce piège, il n'y a personne qui puisse vous rendre heureux, du moins à long terme, si vous ne pouvez pas être heureux par vous-même.

N'oubliez pas que les relations consistent à donner et à recevoir et que ces deux composantes devraient toujours être présentes. L'amour est durable lorsque les deux personnes s'investissent également l'une envers l'autre.

#Écoutez plus et réagissez moins

La façon dont vous interprétez les paroles ou les actions d'une personne n'a peut-être rien à voir avec ce qu'elle a dit, mais avec les expériences négatives que vous avez vécues dans le passé.

Ne laissez pas le bagage émotionnel que vous portez ruiner une relation potentiellement bonne. Votre partenaire actuel n'est pas à blâmer pour ce que votre ex a fait.

Avant de vous énerver à propos des 20% de problèmes que vous avez avec votre partenaire, assurez-vous que vous avez réellement un problème.

#Soyez reconnaissant

Considérez les 80% de tout ce que vous avez. Essayez de voir les choses dans leur ensemble et soyez réaliste avec vous-même sur ce dont vous avez vraiment besoin.

Vous en avez probablement beaucoup plus que vous ne le pensez, mais vous êtes tellement concentré sur les 20%, que vous ne voyez pas la chance que vous avez.

Nous espérons que cet aspect est maintenant clair pour vous. Il montre l'importance et l'efficacité de la règle des 80/20.

La chose la plus importante à retenir si vous essayez d'améliorer votre vie amoureuse est de ne pas prendre les petites choses trop au sérieux. Ne créez pas d'ennuis là où il n'y en a pas.

Ne cachez rien. S'il y a des choses parmi ces 20% qui nuisent aux points positifs, essayez de les corriger. Parlez à votre partenaire et demandez-lui de travailler sur les choses qui vous dérangent.

La pire chose que vous puissiez faire est de ne pas communiquer vos sentiments, de nourrir le ressentiment ou d'accumuler le mécontentement. Le silence n'a jamais rien résolu.

Après avoir lu ces conseils, la prochaine fois que vous voudrez vous plaindre de votre partenaire, vous prendrez un moment pour respirer et réfléchir. L'aspect le plus évident à garder à l'esprit est le précieux 80% rempli d'aspects positifs.

Les 20% restants doivent être effacés de votre esprit, car dans l'ensemble, ils ne sont pas si importants.

Reconnaissez le fait que vous-même, vous n'offrez à votre partenaire que 80% de ce qu'il ou elle veut.

La vie n'est-elle pas meilleure quand on se concentre sur toutes les bonnes choses au lieu de perdre du temps sur les choses qui ne sont pas si importantes ?

Ne soyez pas trop exigent en essayant de donner de la valeur à quelque chose d'aussi petit et insignifiant que ce qui se trouve dans ces 20%.

Profitez des bons jours et traversez les mauvais sans trop y penser. Comme nous l'avons déjà dit, ne créez pas de problèmes s'il n'y en a pas. Le temps passe vite et il est important de vivre autant de moments beaux, époustouflants et agréables que possible.

La santé mentale au travail

Une bonne gestion du stress est importante, surtout au travail. Si vous souffrez de stress chronique, vous risquez de développer des problèmes de santé mentale, tels que la dépression ou l'anxiété. Le stress peut également aggraver les problèmes existants. En entraînant votre résilience, vous pouvez vous adapter davantage aux circonstances difficiles.

Quels sont les signes du stress ?

Nous vivons tous le stress de manière différente. Parfois, vous vous rendez compte immédiatement que vous êtes stressé, mais parfois vous pouvez vivre avec ce stress sans en avoir conscience. Le stress peut vous affecter émotionnellement et physiquement et modifier votre comportement.

Vous pourriez vous sentir :

- **Irritable, agressif, impatient.**
- **Surchargé**
- **Anxieux, nerveux**
- **Comme si vos pensées s'emballaient et que vous ne pouviez pas les arrêter.**
- **Incapable de vous amuser**
- **Déprimé**
- **Désintéressé de la vie**
- **Comme si vous aviez perdu votre sens de l'humour.**
- **Effrayé**
- **Inquiet pour votre santé**
- **Négligé ou seul**

Certaines personnes qui souffrent d'un stress élevé peuvent parfois éprouver des sentiments suicidaires.

Quel serait alors votre comportement ? Vous pourriez :

- **Trouver qu'il est difficile de prendre des décisions**
- **Être constamment inquiet**
- **Eviter les situations qui vous inquiètent**
- **Vous ronger les ongles**
- **Être incapable de vous concentrer**

- **Manger trop ou trop peu,**
- **Fumer ou boire plus que d'habitude**
- **Être agité, comme si vous ne pouviez pas rester immobile.**
- **Avoir constamment envie de pleurer**

Comment vous sentiriez-vous physiquement ? Vous pourriez :

- **Avoir le souffle court ou souffrir d'hyperventilation**
- **Avoir des crises de panique**
- **Avoir des tensions musculaires**
- **Avoir une vision floue ou les yeux irrités**
- **Avoir du mal à vous endormir ou faire des cauchemars...**
- **Avoir des problèmes sexuels, perdre l'intérêt pour le sexe ou être incapable de jouir pendant les rapports**
- **Être tout le temps fatigué**
- **Avoir les dents qui grincent ou la mâchoire qui se serre,**
- **Souffrir de maux de tête,**
- **Avoir des douleurs à la poitrine**
- **Souffrir d'hypertension,**
- **Avoir régulièrement des indigestions ou des brûlures d'estomac**
- **Souffrir de constipation ou de diarrhée**
- **Vous sentir mal, avoir des vertiges**

Quelles sont les causes du stress ?

Les sentiments de stress sont généralement déclenchés par certains aspects de votre quotidien, notamment :

- **Être soumis à beaucoup de pression**

- **Vivre de grands changements**
- **Être préoccupé par quelque chose**
- **Ne pas avoir de contrôle sur l'issue d'une situation**
- **Avoir des responsabilités écrasantes**
- **Ne pas avoir assez de travail, d'activités ou de changements dans sa vie**
- **Vivre des moments d'incertitude**

Le stress peut être causé par un facteur significatif, mais il peut aussi être causé par l'accumulation de nombreuses petites choses. Il est alors plus difficile de déterminer la cause de votre stress ou de l'expliquer à d'autres personnes.

Pourquoi suis-je stressé ?

Le niveau de stress peut dépendre de nombreux facteurs, tels que :

La perception de la situation - elle est liée à vos expériences antérieures, à votre estime de soi et au fonctionnement de vos processus mentaux (par exemple, si vous avez tendance à interpréter les choses de manière positive ou négative).

Comment mesurer le stress ?

- **Par la résilience émotionnelle aux situations stressantes**
- **En évaluant la pression que vous ressentez par rapport au stress des autres**

- **En considérant le soutien que vous recevriez en cas de situations difficiles**

Nous sommes tous différents, une situation qui ne vous dérange pas du tout pourrait causer beaucoup de stress à quelqu'un d'autre. Par exemple, si vous vous sentez confiant, que cela ne vous dérange pas de prendre la parole en public, vous passerez sûrement un moment agréable et amusant en parlant devant une foule. Cependant, si vous vous sentez mal ou préférez ne pas être le centre d'attention, cette situation peut provoquer chez vous un stress évident.

Quelles situations peuvent causer du stress ?

Le stress peut être causé par toute une série d'événements, dont beaucoup sont difficiles à éviter. Par exemple :

- **Maladie ou blessure**
- **Grossesse**
- **Douleur physique et mentale**
- **Problèmes de santé à long terme**
- **Organisation d'un événement compliqué tel qu'une grande fête**
- **Activités quotidiennes telles que conduire pendant de nombreux kilomètres ou effectuer des tâches ménagères**
- **Se marier ou vivre ensemble**
- **Une rupture ou un divorce**

- **Avoir des relations difficiles avec ses parents, ses frères et sœurs, ses amis ou ses enfants**
- **Être toujours présent pour un ami ou un parent qui a besoin de beaucoup de soutien**
- **Perdre son emploi**
- **Le chômage de longue durée**
- **La retraite**
- **Les examens et devoirs scolaires**
- **Des problèmes au travail**
- **Commencer un nouvel emploi,**
- **Des problèmes de logement tels que les mauvaises conditions de vie, le manque de sécurité ou l'absence de domicile**
- **Un déménagement**
- **Des problèmes avec les voisins**
- **Des soucis d'argent**
- **La pauvreté**
- **Les sentiments de culpabilité**

Les événements heureux peuvent-ils être source de stress ?

Certaines des situations énumérées ci-dessus sont souvent considérées comme des événements heureux. Par exemple, on peut s'attendre à ce que vous soyez heureux ou excité lorsque vous vous marierez ou aurez un bébé.

Comme ces événements peuvent entraîner de grands changements dans votre vie ou vous contraindre à des exigences inhabituelles, ils peuvent donc être très stressants.

Vous n'avez pas à faire face au stress seul. Voici quelques techniques de base que vous pouvez essayer :

Reconnaître les signes de stress et ses causes est un bon point de départ.

Découvrez ce que vous trouvez stressant et utile sur votre lieu de travail. Lorsque vous aurez mis le doigt sur ce qui est bénéfique pour vous, parlez-en à votre employeur.

Ce dernier peut être en mesure d'apporter quelques modifications pour vous aider.

Lorsque vous commencez à ressentir du stress, essayez différentes techniques d'adaptation. Chacun est différent, et il faudra donc peut-être un certain temps pour trouver la méthode qui vous convient le mieux.

Pratiquez la pleine conscience. En vous concentrant sur *l'ici et maintenant*, vous pourrez créer une nouvelle énergie pour répondre aux situations les plus stressantes.

Prenez soin de votre santé physique.

Gérer les situations stressantes au travail

Si vous vous sentez stressé en raison d'un problème spécifique au travail, voici quelques conseils pour vous aider à gérer les situations stressantes courantes :

Demandez de l'aide. Tout le monde en a besoin. Discutez de votre charge de travail avec votre patron. Discutez de la manière de fixer des objectifs réalistes et de résoudre les problèmes que vous estimez avoir.

Trouvez un équilibre dans votre temps de travail. De temps en temps, vous devrez peut-être travailler plus longtemps pour accomplir des tâches, mais essayez de rattraper vos heures supplémentaires. N'en faites pas trop à la fois.

Réalisez chaque tâche avec attention. Effectuer deux tâches en même temps prend parfois plus de temps.

Récompensez-vous pour les succès que vous remportez. Il est facile de se concentrer sur ce qui doit être fait et d'oublier de se récompenser pour ce que l'on a déjà accompli.

Soyez réaliste. Vous n'avez pas besoin d'être "parfait" tout le temps.

Prenez de courtes pauses tout au long de la journée et au moins une demi-heure pour manger votre déjeuner. Si vous le pouvez, faites une petite promenade à l'extérieur.

Prenez un peu de temps libre. Lorsque votre emploi du temps est trop chargé, quelques jours de congé ou un long week-end peuvent vous permettre de vous sentir plus reposé et d'accroître votre productivité à long terme. Profitez au maximum de vos vacances.

Entretenez vos relations amicales, vos centres d'intérêts et les compétences qui ne font pas forcément partie de votre travail.

Développez des habitudes. À la fin de chaque journée de travail, faites quelque chose comme ranger votre bureau ou dresser une liste de choses à faire le lendemain. Cela peut vous aider à vous déconnecter du travail.

Créez un plan d'action pour découvrir ce qui cause votre stress et ce dont vous êtes satisfait au travail.

Demandez du soutien. Certaines organisations offrent des programmes d'assistance avec des conseils gratuits aux employés.

Si vous ne vous sentez pas soutenu, faites-le savoir aux autres. Si vous pensez que vous ne pouvez pas parler à votre patron, parlez ou écrivez au service des ressources humaines ou à votre représentant syndical, si vous en avez un.
Développez de bonnes relations avec vos collègues. En vous entendant avec eux, vous pouvez construire un réseau de soutien et rendre le travail plus agréable.

Comment gérer le stress au travail

Comme vous l'avez peut-être constaté, le stress au travail est préjudiciable à votre carrière et à votre qualité de vie en général. Voici quelques conseils pour vous aider à gérer le stress au travail :

Connaître le nom de tous les membres du personnel

Le fait d'avoir une relation solide avec vos collègues permet de résoudre plus facilement les problèmes éventuels. Cette amélioration commence par la connaissance du nom des employés et de leurs rôles dans l'entreprise. Si vous oubliez le nom de quelqu'un, vous ne devriez pas avoir honte de le redemander. Il n'est jamais trop tard pour établir des relations de travail plus solides.

Demander de l'aide

Quand le travail devient intense, dire oui est parfois ce qu'il y a de plus facile et rapide, même si vous ne comprenez pas bien comment vous êtes censé faire la tâche demandée. Cependant, l'inconfort de demander de l'aide ou des éclaircissements est malsain à long terme. Lorsque vous demandez de l'aide, vous envoyez le message à votre responsable que vous tenez vraiment à faire un bon travail.

Éviter les ragots

De nombreuses personnes au travail cancanent sur les autres employés, le plus souvent de manière négative. Bien que cela puisse apporter un soulagement ou un divertissement temporaire, cela ne fait qu'augmenter la tension et le stress. Lorsque l'ambiance au travail est négative, vous le ressentez immédiatement. Les commérages sont une façon malsaine de générer de l'anxiété au travail. Il peut s'agir par exemple de faire des commérages sur une personne silencieuse, la critiquer dans son dos et l'utiliser comme bouc émissaire.

Bien que vous puissiez être tenté de dénigrer un collègue, il est bon de réfléchir à la manière dont vous pouvez résoudre le problème entre vous et la personne avec laquelle vous êtes en conflit. Bien que cela puisse être difficile au début, le fait de parler à la personne et de partager votre point de vue avec elle peut réduire votre anxiété. Dites que vous voulez trouver une solution et que vous êtes motivé pour créer un lieu de travail paisible et des relations honnêtes. Si vous êtes un employeur ou un manager, cherchez des moyens d'encourager les employés à résoudre les conflits entre eux et à être honnêtes avec vous, surtout s'ils ont un problème avec votre manière de manager.

Fixer des échéances réalistes

Les personnes timides acceptent parfois des délais qu'elles savent ne pas pouvoir respecter. Il est souvent préférable d'être honnête dès le départ plutôt que de devoir s'excuser par la suite. Tous les engagements ne sont pas négociables, mais cela vous évitera des heures d'anxiété en travaillant à un rythme raisonnable. Si au final vous arrivez à quitter le travail plus tôt, tant mieux pour vous !

Utiliser un langage neutre

Apprendre à utiliser un langage neutre et apaisant au travail peut contribuer à réduire l'anxiété de chacun. Les désaccords sont plus faciles à gérer lorsque vous commencez une déclaration par "Voilà ce que je pense" et que vous la terminez par "Qu'en pensez-vous ? ». Ainsi, les collègues se sentent considérés et sont plus susceptibles d'écouter ce que vous avez à dire. Posez des questions telles que "Que pouvons-nous faire pour résoudre ce problème" ou "Comment pouvons-nous empêcher que cela ne se reproduise plus à l'avenir ? ». Ce langage est également utile pour résoudre les problèmes.

Rester en contact

Éviter ou rompre le contact avec les personnes avec lesquelles on se sent mal à l'aise est un instinct humain et sur le lieu de travail, cela ne fait pas exception. Peut-être que vous avez cessé de répondre aux e-mails qui ne véhiculent pas de positivité, ou que vous évitez les pauses café parce que vous ne vous entendez pas avec un collègue autoritaire. Peut-être essayez-vous de vous retirer avant que votre patron ne puisse vous faire une demande difficile. Si vous évitez cela, ce ne sera que temporaire. Cette sensation d'avoir l'estomac serré ou d'autres symptômes de l'anxiété au travail ne feront que s'aggraver avec le temps : plus vous utiliserez la distance, le recul pour gérer un désaccord, plus vous ressentirez de confusion ou d'autres émotions difficiles.

Le contact est comme un muscle qu'il faut entraîner pour le rendre plus fort. Plus vous affrontez les problèmes et plus vous augmentez votre capacité de communication, moins vous vous sentirez anxieux à long terme. Les grands leaders ont la capacité de rester en contact avec des personnes qui ont des points de vue ou des styles de travail différents des leurs. Garder le contact peut vous éloigner des responsabilités supplémentaires qui vous surchargent de travail et vous rendent au final moins productif.

Ne pas décourager les autres

Les drames de bureau peuvent parfois être amusants, mais ils rendent l'environnement plus stressant et sapent le moral de tous. Si les gens dénigrent leurs collègues ou leur responsable, essayez de changer de sujet, ou trouvez simplement une raison de quitter la pièce. Ne répondez pas aux messages ou aux courriels destinés à dénigrer les autres.

Encourager les conversations constructives

Il peut être très difficile de déchiffrer les émotions et les intentions des autres. De nombreuses craintes sur le lieu de travail découlent d'une mauvaise interprétation des emails ou de l'attente d'un feedback sur une tâche difficile. Si un problème vous inquiète particulièrement, n'ayez pas peur de prendre le téléphone ou d'avoir une conversation en face à face pour clarifier ce qui ne vous convient pas.

Se concentrer sur les faits

Lorsque vous vous sentez accablé, votre esprit et vos émotions peuvent partir dans tous les sens. La meilleure façon de réduire l'anxiété est de contrôler la socialisation et la communication. Essayez de verbaliser ce qui vous fait peur et demandez à d'autres personnes de partager leurs opinions. Assurez-vous de prévoir la manière de résoudre un conflit spécifique. Concentrez-vous sur les faits et restez ancré dans le présent. Lorsque vous êtes en colère ou agité, ce n'est probablement pas le meilleur moment pour réexaminer et parler de problèmes antérieurs. Dosez votre langage, quelle que soit la gravité de la situation.

Lorsque vous êtes agité, vous êtes tenté de vous défouler et de dire tout ce qui vous passe par la tête, mais ce n'est certainement pas le meilleur moyen de réduire l'anxiété. Vous devez réfléchir à une solution. Évitez les exagérations qui vous poussent à utiliser des mots comme "toujours" ou "jamais". Commencez vos phrases par "à mon avis" plutôt que par "tu" qui semble trop accusateur. Si vous avez des problèmes avec un employé, envisagez d'inclure un médiateur dans la conversation, peut-être un responsable des ressources humaines.

Accès aux ressources

De nombreux lieux de travail offrent des conseils par le biais de programmes d'aide aux employés ou peuvent vous mettre en contact avec des ressources de santé mentale pour vous aider à gérer votre anxiété. Bien que le fait de parler de votre peur puisse vous intimider, si vous assumez la responsabilité de votre propre bien-être, vous servirez de modèle aux autres, même sur le lieu de travail.

Lorsque vous établissez des relations plus solides, que vous améliorez la communication et que vous demandez de l'aide, c'est tout le bureau qui en bénéficie. La peur sera toujours présente dans votre vie quotidienne, mais elle ne doit pas vous empêcher de faire du bon travail et de profiter de la vie. N'oubliez pas que si la peur est une émotion désagréable, c'est aussi une occasion de grandir et de réussir dans votre carrière. Si vous êtes anxieux au travail, au lieu de vous enfuir ou de vous plaindre, utilisez la peur comme une incitation à vous démarquer et à aller de l'avant.

Comment la règle des 80/20 peut vous aider à mieux prendre soin de vous

Combien de fois avez-vous commencé une routine de bien-être pour ensuite vous en désintéresser et avoir l'impression qu'il s'agissait d'un effort futile ? Malgré nos bonnes intentions, beaucoup de nos efforts pour maintenir un équilibre sain dans notre vie deviennent inutiles. Non pas parce que nous manquons de compétences, mais parce que notre société est trop exigeante, où tout est "noir ou blanc" et peut donc nous conduire à un échec sur le long terme.

La règle des 80/20, ou principe de Pareto, est un moyen plus facile d'introduire de nouvelles habitudes dans votre mode de vie, sans toutefois restreindre excessivement les choses que vous aimez. Le Principe nous enseigne que 20% de nos efforts produisent 80% des résultats.

En substance, il nous rappelle que nous devons bien utiliser notre temps, en allant à l'essentiel.

Avec la règle des 80/20, vous pouvez prendre de petites pauses pour éviter de vivre dans un état de privation constant. L'idée est de maintenir fermement votre engagement à réaliser de grands changements, tout en créant un espace pour simplifier les objectifs que vous vous êtes fixés et atteindre un bien-être général.

Au lieu de penser : "Je vais perdre 15 kilos dans les trois prochains mois", essayez plutôt de vous dire : "Je vais augmenter mon temps d'exercice physique d'une minute par jour". Lorsque vous atteignez vos mini-objectifs, vous restez motivé. Il a été démontré que lorsque l'on supprime un élément de notre liste de choses à faire, cela libère de la dopamine dans notre cerveau - cela nous rend littéralement plus heureux.

Voici six façons d'utiliser la règle des 80/20 pour créer une routine équilibrée de bien-être :

Planification proactive

Il est difficile de vivre dans l'incertitude. Essayer de déterminer combien de temps il vous faudra pour accomplir une tâche particulière, ou combien de temps il vous faudra pour atteindre un objectif, peut ruiner vos meilleures intentions dans le développement de votre bien-être.

En prenant le temps de planifier votre routine au début de chaque semaine, vous éliminerez les incertitudes et le stress de vos journées. Passez une heure le dimanche à planifier votre semaine à l'avance, à décider de la quantité de sport que vous devrez faire, de vos moments de pause et de votre menu pour la semaine. Si vous faites cela tous les sept jours, vous constaterez rapidement des améliorations et un gain de temps. En réfléchissant de manière proactive à la semaine à venir, vous pourrez vous en tenir à vos plans et ignorer les distractions moins importantes qui surgissent au quotidien.

Le sport à la maison

S'engager à atteindre ses objectifs de remise en forme peut être une tâche ardue, c'est pourquoi il est important de planifier une méthode qui vous aide à atteindre vos résultats. Si c'est compliqué pour vous d'aller à la salle de sport pour vous entraîner, il existe de nombreux programmes à domicile qui peuvent vous offrir les mêmes avantages. Tout d'abord, achetez-vous un tapis de yoga et des poids et installez un espace d'entraînement dans une pièce. En choisissant un lieu agréable pour votre entraînement, vous augmentez vos chances de vous en tenir à votre programme.

Pendant la nuit

Depuis de nombreuses années, les huiles essentielles constituent une approche holistique privilégiée de la guérison et leurs bienfaits sont multiples. Intégrer des huiles essentielles dans votre routine ne prend pas beaucoup de temps et vous offrira des avantages considérables. Si vous cherchez à améliorer la qualité de votre sommeil, essayez de saupoudrer de l'extrait de lavande sur votre oreiller. Cette préparation simple vous aide à créer un environnement propice au sommeil.

Amis et famille

La règle des 80/20 peut également être appliquée à la façon dont vous passez votre temps à communiquer avec vos amis et votre famille. Pendant la journée, vous pouvez passer des heures à envoyer des tonnes de messages à vos amis. Bien que les contacts fréquents soient importants, nous avons tendance à sacrifier la profondeur du lien pour la quantité. Essayez de passer un appel plutôt que d'envoyer des SMS - les SMS n'aident pas nécessairement à établir des liens solides.

Travailler à domicile

Le télétravail est devenu une tendance courante qui offre aux gens l'avantage de pouvoir travailler dans le confort de leur foyer. Vous pourriez alors vous laisser distraire par votre "liste de choses à faire", comme la lessive et le nettoyage de la maison, et ne pas être aussi productif que sur votre lieu de travail. La solution ? Créez chez vous votre propre espace de travail, une pièce non seulement accueillante, mais qui pourra aussi accroître votre productivité. Fixez-vous quelques heures dans la journée qui seront considérées comme votre temps "professionnel" et pendant lesquelles vous devrez « oublier » votre liste des choses à faire à la maison. La division de l'espace et du temps favorisent la productivité en créant un cadre de règles auto-imposées.

La clé pour débloquer et atteindre votre plein potentiel

Essayez-vous d'atteindre votre plein potentiel dans la vie ? Vous pensez peut-être que vous avez laissé passer votre chance plus d'une fois ? Peut-être avez-vous déjà essayé et échoué. Ne voudriez-vous pas essayer de nouveau ? Tout au long de la vie, de nombreuses personnes veulent atteindre leur plein potentiel mais se découragent souvent lorsqu'elles échouent une première fois, abandonnant l'idée de réessayer de nouveau.

Il est toujours temps de le faire ! Il n'y a pas d'âge, de personnalité ou même de talent particulier à avoir. Si vous travaillez dur et faites de votre mieux, vous serez en mesure d'atteindre votre plein potentiel, quelles que soient les circonstances.

Tout ce dont vous avez besoin pour atteindre votre plein potentiel est de la volonté, de la motivation et de la confiance en soi.

Quand atteignons-nous notre "pic" et utilisons-nous notre potentiel ?

Certaines personnes pensent qu'une fois que vous avez atteint un certain âge, vous avez "atteint le sommet". Cela signifie que vous avez déjà été le meilleur de vous-même et qu'il est très peu probable que vous atteigniez votre plein potentiel dans le futur. Certaines personnes affirment qu'elles sont trop âgées pour atteindre leurs objectifs.

La société nous fait croire que ce sont surtout les jeunes qui sont capables de réaliser leur plein potentiel. Plus nous vieillissons, plus nos chances diminuent. Ce concept, cependant, ne s'applique pas à tout le monde. C'est la norme sociale avec laquelle la plupart d'entre nous grandissent, mais ce n'est pas la vérité.

Nous pouvons changer nos vies à tout âge. Il n'est pas nécessaire d'être jeune pour atteindre ses objectifs de vie. Il n'est jamais trop tard pour atteindre votre plein potentiel.

L'âge n'est qu'un chiffre

Il existe de nombreux exemples de personnes qui n'ont réussi que lorsqu'elles étaient beaucoup plus âgées que la "norme sociale" ne le suggère. L'âge n'est qu'un chiffre et ne devrait pas nous empêcher d'atteindre notre plein potentiel.

Vous avez le potentiel pour vous améliorer

Vous n'atteindrez pas votre plein potentiel si vous avez des pensées négatives ; en réalité, tout est possible et vous possédez le potentiel nécessaire pour réussir.

Ne laissez rien vous freiner

Il y a beaucoup de gens qui ont réussi bien plus tard que ne le dicte la norme sociale. Tout le monde peut réussir et atteindre son potentiel s'il le veut, ou ne serait-ce que s'efforcer de l'atteindre.

Quels que soient votre âge, votre sexe, votre religion, votre race, votre classe sociale ou vos capacités, vous pouvez libérer votre potentiel et réussir. Si vous n'êtes pas sûr d'où se trouve votre talent, essayez différents passe-temps et passions et faites une liste des objectifs que vous voulez atteindre.

Peut-être pensez-vous que vous n'avez pas assez de temps pour atteindre votre plein potentiel ?

Demandez-vous alors quand aurez-vous suffisamment de temps ?

Vous pouvez attendre longtemps, jusqu'au jour où vous réaliserez que vous avez perdu tant de temps.

La vie est courte et il n'y aura jamais de "moment parfait", il faut donc choisir. Nous devrions tous avoir la possibilité de poursuivre nos passions et de trouver le bonheur dans la vie.

Peut-être avez-vous entendu parler de Charles Proteus Steinmetz ? Si ce n'est pas le cas, vous découvrirez à quel point son histoire est inspirante. Charles est né avec une dysplasie de la hanche, un nanisme et une scoliose, mais ses handicaps ne l'ont pas freiné. Charles Steinmetz est devenu un génie des mathématiques et de l'électronique.

Il a reçu de nombreuses récompenses portant son nom, ainsi que de nombreux honneurs et bourses d'étude. Le travail de Charles lui a valu le surnom de "Magicien de Schenectady". Steinmetz a écrit 13 livres et 60 articles sur l'ingénierie et d'autres sujets. Il a fait des découvertes révolutionnaires et détient plus de 200 brevets.

Cela montre à quel point il était déterminé à atteindre son plein potentiel, malgré tous les obstacles qui se dressaient sur son chemin.

Nous pouvons toujours nous développer, grandir

Un des principes de la réussite est de croire que l'on peut réussir. Si vous vous convainquez que vous ne réussirez pas, c'est exactement ce qui arrivera.

Vous devez avoir confiance en vous et vous devez avoir la force de reconnaître vos capacités. La seule chose qui vous guide en ce moment, c'est vous-même, la façon dont vous vous parlez à vous-même et votre façon d'agir. Si vous êtes négatif, il n'est pas surprenant que vous ne puissiez pas exploiter toute votre puissance.

Il est nécessaire de prendre conscience du fait que nous méritons le succès et que nous pouvons développer notre pleine conscience.
Nous pensons à tort que nos envies d'entreprendre ne sont pas compatibles avec le stress contre lequel nous luttons tout au long de notre carrière.

Pourquoi ? Il y a plusieurs raisons à cela, mais toutes les limites que nous avons sont en réalité dans notre tête. Nous créons nous-même les barrières qui nous empêchent d'atteindre notre plein potentiel.

Le secret pour surmonter ces obstacles mentaux est de connaître la vérité sur le succès. Ces vérités sont importantes, surtout si vous êtes suffisamment motivé pour atteindre le succès que vous souhaitez :

Le moment parfait n'existe pas

Beaucoup d'entre nous se trompent en pensant qu'il y a un "moment idéal" pour commencer à contrôler nos objectifs. Ce n'est pas le moment idéal pour prendre une décision particulière parce que l'entreprise ne va pas très bien, ou ce n'est pas le meilleur moment pour vous lancer dans cette entreprise parce que vous avez d'autres travaux en cours. Le sentiment que ce n'est pas le bon moment pour faire quelque chose sera toujours là, mais cette impression ne reflète pas la réalité, c'est toujours le "bon" moment pour commencer à travailler à l'atteinte de nos objectifs. Il s'agit d'un concept important à retenir lorsque vous vous interrogez sur ce qu'il faut faire et surtout quand commencer à vous améliorer.

L'effort n'est pas toujours payant

La version féerique du succès est que si vous essayez assez fort, vous êtes sûr de réussir. Malheureusement, ce n'est pas toujours le cas. Parfois, vous travaillerez très dur, pendant longtemps, mais vous n'arriverez à rien parce que votre plan a des failles ou que le moment est mal choisi, ou parce que d'autres circonstances vous ont empêché de progresser. Être conscient de cela peut vous aider à vous préparer à ces erreurs inévitables et vous éviterez ainsi de vous sentir insatisfait et découragé lorsqu'elles se produiront.

Cela en vaut toujours la peine

Si l'effort n'est pas toujours payant, il en vaut toujours la peine. Si vous faites une erreur, vous apprendrez et ne la referez pas lors de votre deuxième essai. Si vous avez un mauvais timing, vous gagnerez quand même de l'expérience et améliorerez vos compétences, que vous pourrez ensuite utiliser ailleurs dans votre carrière ou dans le développement de votre entreprise. Même si vous perdez complètement votre temps, vous aurez au moins une meilleure idée de ce qu'est une "perte de temps" et serez plus productif à l'avenir.

Les attentes trop élevées sont rarement satisfaites

Avoir de grand objectifs est passionnant ; vous travaillez plus dur, vous fantasmez sur les résultats de vos efforts et êtes enthousiaste dans ce que vous faites. Malheureusement, des attentes trop élevées conduisent rarement à de bons résultats à long terme. Vous n'atteindrez pas vos objectifs en étant trop optimiste et les choses ne se passeront probablement pas comme prévu. Vous perdrez patience et compromettrez vos projets. Il faut plutôt espérer le meilleur et se préparer au pire : attendez-vous à quelque chose de moins positif et essayez de ne pas surestimer votre propension au succès.

"Occupé" et "productif" ne sont pas synonymes.

Ce n'est pas parce que vous êtes occupé que vous faites un effort utile à votre réussite. Il est bon de s'occuper de ses engagements, mais si ces tâches ne vous permettent pas d'atteindre un objectif plus élevé, cela ne sera au final pas très utile. Lorsque vous apprendrez à faire la distinction entre travailler bien et travailler beaucoup, vous ferez beaucoup plus en moins de temps.

On ne peut pas toujours être le meilleur

Quelle que soit la qualité de votre travail, il y aura toujours quelqu'un de meilleur que vous. Même si votre entreprise est considéré comme l'acteur dominant sur un marché donné, vous aurez toujours un concurrent. Ce n'est pas une mauvaise chose ; en fait, cela peut être une source de motivation constante. Une fois que vous aurez compris cela, vous cesserez de toujours vouloir surpasser les autres et vous concentrerez sur ce qui vous rend unique. Essayer d'être le meilleur ruinera vos objectifs et vous frustrera plus qu'autre chose.

Mieux vaut des remords que des regrets

En général, les gens ont tendance à regretter davantage les choses qu'ils n'ont pas faites que celles qu'ils ont faites, même lorsque les choses qu'ils ont faites n'étaient pas particulièrement positives. Il est utile de savoir cela lorsque vous devez prendre une décision risquée ou effrayante - même si vous allez jusqu'au bout et que vous échouez, vous le regretterez moins que si vous n'aviez jamais essayé.

Tout le monde peut vous apprendre quelque chose

C'est une importante leçon de développement personnel dont certaines personnes n'ont malheureusement pas conscience. Chaque personne, dans le monde, est meilleur que vous ou en sait plus que vous dans un domaine particulier. Si vous prenez le temps de parler à d'autres personnes, qu'il s'agisse de mentors, de collègues ou même d'étrangers dans la rue, et que vous les écoutez vraiment, vous en tirerez un trésor de connaissances et de retour d'expériences.

Soyez optimiste

Soyez positif dans l'accomplissement de vos tâches. Si vous vous dites : "Je déteste faire ces rapports mensuels parce qu'ils prennent une éternité", alors il vous faudra probablement beaucoup plus de temps pour les terminer. Souvent, votre attitude pessimiste se retournera contre votre travail.

Fixez-vous des délais et offrez-vous des récompenses

Avoir une date limite pour réaliser une tâche vous aidera à vous concentrer et savoir que vous aurez une récompense est quelque chose de très motivant. Offrez-vous un café ou faites une promenade lorsque vous atteignez votre objectif quotidien. Il ne s'agit pas d'un simple café ou d'une simple promenade. Ils vous feront vous sentir bien car vous aurez l'impression de vraiment les "mériter".

Des objectifs plus modestes

Fixez-vous de petits objectifs pour atteindre progressivement des objectifs plus importants. Évitez de vous laisser submerger par le travail en vous fixant des objectifs à court terme. Pensez à l'ensemble du processus dès le début.

En vous fixant des objectifs modestes et gérables, vous serez sur la bonne voie pour atteindre vos buts et vous pourrez suivre vos progrès continuellement.

Célébrez vos succès

Plus vous serez conscient de vos efforts, plus vous serez motivé et plus vous trouverez l'inspiration pour en faire toujours plus. Plus vous en obtiendrez, plus vous voudrez en obtenir.

Tirez le meilleur parti de votre journée et de votre vie en réalisant votre plein potentiel.

La réussite n'est peut-être pas ce que vous pensiez qu'elle serait

Il est également important de le noter. De nombreuses personnes recherchent la richesse, la célébrité ou une autre mesure conventionnelle de la réussite tout au long de leur vie, mais lorsqu'elles en arrivent là où elles désiraient être, elles constatent que cela ne les rend pas heureuses ou que ce n'est pas ce qu'elles voulaient vraiment. D'autres personnes découvrent à mi-parcours que ce n'est pas fait pour elles ou se mettent dans des situations qui au final créent plus de stress que de satisfaction. Soyez prêt à remettre en question vos hypothèses et vos attentes. Le succès vous attend, mais il n'est peut-être pas là où vous l'attendez.

Une fois que vous aurez accepté ces vérités fondamentales sur la réussite, le travail et le développement, vous serez beaucoup plus flexible, persévérant et suffisamment fort mentalement pour atteindre les objectifs que vous vous êtes fixés. Vous avez peut-être l'impression maintenant que cela ne fait pas une grande différence, mais une fois que vous aurez accepté ces vérités, au lieu de les lire simplement sur une page, vous les percevrez comme une source d'inspiration pour vous-même.

Éviter la procrastination

Les principales raisons de la procrastination et comment les éviter

Raisons psychologiques de la procrastination

"Le perfectionnisme est la mère de la procrastination »

La peur de l'échec, la peur de la réussite, une faible estime de soi et une image négative de soi et de ses réalisations sont quelques-unes des principales raisons psychologiques qui poussent les gens à reporter des tâches importantes.

Vous pensez peut-être qu'une thérapie est le seul moyen de résoudre ces problèmes, mais il est possible que cette mentalité, cet état d'esprit ne vous lâche pas. Une approche plus pratique consiste à regarder à l'intérieur de soi pour déterminer laquelle de ces raisons est à l'origine de votre procrastination, afin de pouvoir traiter spécifiquement chaque problème.

Vous avez peur de vous tromper ? Arrêtez de vous comparer aux autres. Comparez-vous à vous-même, avez-vous fait des progrès ? Comment vous êtes-vous amélioré ? Comment performez-vous ? Evaluez vos réalisations. Rappelez-vous une expérience au cours de laquelle vous ne saviez pas comment atteindre un objectif, mais où vous l'avez finalement atteint. Voici un autre secret : il suffit de se lancer !

Vous avez peur du succès ? Le succès apporte de nombreuses récompenses, mais aussi la responsabilité de devoir maintenir des standards élevés en permanence. Cela peut vous conduire à la recherche de la perfection, mais au final vous ne mènerez pas souvent à terme votre tâche. Il est toujours préférable de finir une tâche que de ne pas la finir. Commencez, vérifiez, modifiez, actualisez et optimisez. Il n'est pas nécessaire que ce soit parfait, il faut juste que ce soit fait.

Raisons pratiques de la procrastination

Il existe de nombreuses raisons pratiques qui font que les gens procrastinent et vous n'en êtes peut-être pas conscient. Là encore, une liste peut vous aider à identifier vos tendances et à les contrecarrer par diverses stratégies de réussite. Quels sont les points dans lesquels vous vous reconnaissez ?

Pendant que vous lisez, réfléchissez à la manière dont vous allez relever ces défis.

Manque de concentration

Vous vous asseyez à votre bureau et commencez à répondre aux courriels, à modifier votre page Facebook ou à améliorer votre site web. Si vous travaillez pour votre entreprise, toutes ces stratégies de marketing peuvent être utiles, mais elles n'ont généralement pas une grande importance pour l'entreprise si l'on parle en terme de tâches et de délais importants.

Éliminez toutes les distractions et prévoyez des plages définies pour consulter votre boite mail ou pour aller sur Facebook, afin que votre journée ne se transforme pas en une simple navigation non productive sur internet.

Manque de priorité

"*Je suis très occupé à faire des choses que je n'ai pas à faire pour éviter de faire ce que je devrais faire.*"

Nous connaissons ce sentiment de stress à l'école, lorsque tous les professeurs ont fixé les mêmes délais pour rendre les devoirs. Probablement, pour que tout soit fait, vous avez commencé par les projets que vous trouviez les plus agréables, car souvent, les sujets que nous aimons le plus sont ceux que nous trouvons les plus faciles. Mais vous avez peut-être alors constaté que vous ne consacriez pas assez de temps aux projets qui en avaient besoin, parce qu'ils étaient peut-être trop lourds ou tout simplement pas intéressants.

Il en va de même au travail. Évitez ce problème en respectant les délais grâce à une liste de tâches quotidiennes, hebdomadaires et mensuelles, ainsi qu'une liste de projets à réaliser. Consultez votre calendrier au début et à la fin de chaque journée pour suivre vos progrès et le temps qu'il vous reste pour chaque échéance importante. Investissez toujours plus de temps aux tâches qui le nécessite afin de pouvoir respecter les délais.

Manque de concentration

"Arrêtez de remettre à plus tard. La procrastination mène à la culpabilité, la culpabilité mène à la dépression, et la dépression mène à l'échec".

Se concentrer peut être un problème pour vous si votre esprit est tout le temps en train de "courir". Même si vous éliminez toutes les distractions et restez à votre bureau, vous n'arrivez toujours pas à vous concentrer pour commencer ou continuer ce que vous devez faire.

Vous devez sûrement avoir une idée de la façon dont vous devez faire votre travail ? Commencez par cette idée ; la tâche peut également être modifiée et améliorée par la suite, mais considérez que si vous ne commencez pas, vous n'aurez même pas le moyen de le faire. Réglez une minuterie.

Souvent, la partie la plus difficile du travail est justement de commencer.

Commencez à travailler

Si vous retardez systématiquement le démarrage d'un projet complexe, c'est peut-être parce qu'il est trop important pour être réalisé en une seule fois. Divisez le projet en plusieurs sous-tâches. Au lieu de vous concentrer sur un seul grand projet, concentrez-vous uniquement sur des tâches spécifiques et gérables.

Les perfectionnistes ont tendance à repousser les choses parce qu'ils veulent que tout soit parfait. Soyez conscient que la perfection n'existe pas ; il est normal d'avoir des standards élevés et de faire les choses au mieux de vos capacités. Cependant, si vous vous retrouvez à travailler trop dur, vous devriez vous détendre et vous contenter de ce que vous avez réussi à accomplir, même si ce n'est pas parfait.

Certaines personnes craignent en fait le succès ou l'échec et retardent ainsi le démarrage et l'achèvement des tâches. Si vous pensez que c'est votre cas, vous devriez demander conseil à un professionnel qui pourra alors travailler avec vous et vous aider à surmonter vos craintes. En attendant, imaginez ce que vous ressentirez lorsque votre travail sera enfin terminé.

Les vieilles habitudes peuvent être difficiles à changer, mais avec un peu de temps et d'efforts, vous pourrez acquérir de nouvelles habitudes qui vous aideront à commencer et à terminer vos projets à temps.

Si vous essayez toutes ces suggestions et que vous n'arrivez toujours pas à vous concentrer, envisagez de passer un examen médical. Vous pouvez souffrir de TDAH ou prendre des médicaments qui provoquent des troubles de la mémoire, comme les antihistaminiques pour les allergies, les antiacides et les statines pour réduire le cholestérol. Discutez des traitements alternatifs avec votre médecin.

La procrastination peut empêcher même les personnes les plus talentueuses d'atteindre le succès qu'elles méritent. Évaluez les raisons de votre procrastination, puis essayez de planifier et de vous fixer des priorités. Vous remarquerez peut-être une grande amélioration de votre bien-être général, ce qui vous motivera à continuer à utiliser ces nouvelles techniques.

Comment rester motivé

Comment pouvons-nous faire avancer les choses lorsque nous n'avons vraiment pas envie de faire quoi que ce soit ? Comment aller de l'avant si l'on préfère s'allonger sur le canapé ? Nous ne voulons pas que votre canapé se sente négligé, n'est-ce pas ? Si vous êtes extrêmement empathique, il vous sera peut-être difficile de laisser tomber votre télécommande. Bon, blague à part, pourquoi est-il difficile de trouver la motivation et de rester motivé ?

Rêver

"L'esprit seul n'est pas capable de réaliser un rêve. Il faut de la sueur, de la détermination et du travail".

Premièrement, lorsque nous avons de grands rêves et que nous voulons atteindre de grands objectifs, il faut s'engager. C'est comme s'entraîner pour un marathon. Il n'y aura pas de résultats immédiats car le succès demande parfois des années de dur labeur. On peut aisément croire que le succès est facile quand on ne voit que les résultats. Mais ce que l'on ne voit pas, c'est tout le travail qui y a été consacré.

Un vieil adage affirme qu'il n'y a pas d'ascenseur sur la route du succès. Il faut prendre les escaliers. Tout le monde doit les prendre, sans exception. Personne ne connaît de raccourcis. Que se passerait-il si nous reformulions nos pensées au lieu de nous lancer aveuglément dans certaines expériences ou de faire un million de pas inutiles pour arriver à la réalisation de nos rêves ? Ne serait-ce pas formidable si nous pouvions connaître le bon chemin nous menant à l'objectif que nous souhaitons atteindre? Ce serait comme partir en voyage, oui, mais un voyage rempli de trésors utiles, de leçons et d'aventures. Eh bien, si vous voulez du succès, rêvez ! Ne soyez pas trop dur avec vous-même, cela vous aidera à alléger votre esprit et à réaliser vos rêves plus sereinement.

Le voyage n'est pas prévisible

"Il faut du courage pour se lancer dans la réalisation de ses objectifs et de ses rêves. Garder le cap demande du courage. Le pont qui relie ces deux éléments est l'engagement".

Il n'est pas facile d'être patient. Il n'est pas facile de croire que ce sont les petits pas qui, en réalité, nous conduisent loin. Nous ne pouvons pas garantir le succès ; cela ne nous mènera peut-être pas là où nous voulions aller, mais cela nous mènera certainement là où nous devons être. Parfois, nous allons dans une direction, mais sur la route, nous nous rendons compte que ce n'est pas ce que nous voulons. Nous pouvons alors essayer de nouveau, repenser nos objectifs, en gardant à l'esprit ce que nous voulons plus que tout. La beauté de la chose réside en partie dans le fait de ne pas obtenir de résultats immédiats, ce qui permet de repenser les désirs et les priorités personnelles.

Avez-vous déjà vécu une situation difficile, en vous demandant pourquoi vous l'avez vécue ? Vous avez peut-être eu des problèmes à l'école. C'était frustrant et décourageant à l'époque, mais avec le recul, vous vous rendez compte que vous êtes plus résistant que vos amis qui, eux, n'ont pas été contraint d'arrêter pour aller travailler.

Face à une déception professionnelle, vous rebondirez plus vite qu'eux. Lorsque vous aurez besoin d'apprendre quelque chose de nouveau, votre persévérance sera un avantage. Vous saurez comment apprendre et comment votre esprit fonctionne et cela peut être l'un des outils les plus précieux que vous possédez. Lorsque vous connaissez votre manière de fonctionner, vous pouvez travailler en votre faveur plutôt que contre vous-même. Si vous êtes une personne du matin et que vous en êtes conscient, cela peut vous aider à décider de l'heure à laquelle effectuer les travaux les plus durs. Si vous êtes un oiseau nocturne, acceptez-le. Apprenez à utiliser votre personnalité au lieu de tenter de l'étouffer.

N'attendez pas que la motivation vienne à vous. Attendre que quelque chose se passe ne fonctionnera certainement pas. Plus vous réfléchissez à une tâche désagréable que vous devez accomplir, moins vous aurez envie de la faire. Alors, oui, réfléchissez, trouvez comment y parvenir, mais agissez dès que possible, si ce n'est immédiatement.

Vous est-il déjà arrivé de vous voir confier une tâche désagréable dont vous ne vouliez pas vous occuper ? Lorsque vous avez commencé, vous avez probablement pensé : "Ce n'est pas si mal. En fait, je pensais que c'était un projet de 4 heures, mais je l'ai terminé en seulement 2 heures". Vous vous demandez peut-être pourquoi vous avez pensé à cette tâche comme s'il s'agissait d'un monstre et avez utilisé votre énergie à essayer de l'éviter. Vous vous êtes inquiété inutilement pendant plusieurs jours.

Stratégies pour garder la motivation

Arrêtez de souhaiter. Commencez.

Parlons de quelques stratégies pour faire ce premier pas. Quel que soit le sujet, le premier pas est toujours le plus difficile. Pourquoi ? On sait qu'on se sentira bien quand on aura fini, mais c'est difficile de commencer. Dans ce cas, si vous avez des objectifs à long terme ou simplement un projet qui vous fait peur, nous vous encourageons à vous " soudoyer ". Cela peut vous aider de vous demander : "Combien devrais-je payer quelqu'un pour faire ce que je ne veux pas faire" et "Pourquoi ne pas me payer moi-même à la place ?.

Mettez une minuterie

"*Celui qui veut déplacer une montagne commencera par transporter de petites pierres*"

Ceci est une stratégie très puissante. Vous pouvez littéralement conquérir le monde en sacrifiant 10 minutes par jour. Donc, si vous estimez rencontrer une certaine difficulté à vous lancer dans une activité, définissez un court lapse de temps à consacrer à ce projet, puis arrêtez lorsque la minuterie sonne. Vous constaterez peut-être qu'une fois que vous avez l'élan nécessaire, vous avez envie d'aller de l'avant. Si ce n'est pas le cas, c'est très bien aussi. Un petit pas à la fois fera toute la différence à long terme.

Supposons que vous vouliez apprendre une nouvelle langue. Dédiez 10 minutes de votre temps chaque jour à l'apprentissage de cette langue. Faites une liste des mots et des phrases que vous souhaitez apprendre. Étudiez pendant 10 minutes. Vous serez concentré car vous n'avez que 10 minutes. Le lendemain, révisez ce que vous avez appris et ajoutez d'autres mots/phrases, mais seulement si vous êtes presque sûr de vous être souvenu des informations de la veille. Cela fonctionne très bien!

Musique

"*La musique donne à l'univers une âme, les ailes de l'esprit, le vol de l'imagination, et toutes les belles choses de la vie* »

Pour certains, la musique peut servir de motivation. Peut-être que la musique vous aiderait lorsque vous faites du sport. Au lieu de vous concentrer sur la douleur, concentrez-vous sur la musique. Choisissez la musique que vous préférez pour les tâches que vous avez à accomplir.

Certaines personnes ne peuvent pas se concentrer quand la musique qu'elles écoutent contient des paroles parce qu'elles ne peuvent pas s'empêcher de chanter sur le dernier album de Beyonce. Pour certains, c'est exactement le genre de musique dont ils ont besoin pour accomplir des tâches ennuyeuses. Vous pourriez même vous récompenser en écoutant une musique que vous adorez. Le seul moment où vous vous donnerez le droit d'écouter Taylor Swift, ce sera par exemple quand vous faites de la musculation.

Créer des habitudes

"*La motivation, c'est le début. L'habitude est ce qui vous permet de continuer.* "

Si vous n'avez pas d'agenda ou de journal, vous pouvez en acheter un. Vous pouvez en trouver de différents types et à tous les prix. Vous pouvez aussi créer votre propre agenda et cocher les jours où vous avez travaillé, indépendamment de ce que vous essayez de faire. Vous pouvez créer un tracker quotidien, hebdomadaire, mensuel ou annuel. Voir vos efforts constants sur papier, même si vous n'en voyez pas encore les résultats, peut être extrêmement motivant. Cela nous amène au point suivant.

La récompense

"*De petites améliorations quotidiennes sont la clé de résultats surprenants sur le long terme*".

Disons que vous voulez faire du sport 3 fois par semaine. Ce n'est pas quelque chose que vous aimez faire, mais vous savez que vous devriez quand même bouger vos fesses. Vous avez du mal à trouver de la motivation et à rester motivé, mais vous voulez quand même prendre l'habitude de faire de l'exercice. Pourquoi ne pas vous offrir une récompense liée à un objectif précis ? Offrez-vous quelque chose que vous n'achèteriez pas en temps mormal.

Succès

"*Célébrez chaque petite victoire*"

Il peut être utile de garder une trace de vos résultats. Il peut être motivant de regarder les tâches déjà accomplies et de voir les progrès que vous avez réussi à réaliser. Vous souvenez-vous de la dernière fois où vous vous êtes créé une habitude importante ? Appliquez certaines de ces compétences et stratégies pour vous aider à atteindre votre nouvel objectif.

"*Soudain, vous savez qu'il est temps de commencer quelque chose de nouveau et de faire confiance à la magie des nouveaux départs.*"

Le premier pas est toujours le plus difficile à faire. Une fois que vous aurez commencé, il sera plus facile de maintenir votre rythme. N'abandonnez pas. Ce qui est intéressant, c'est la destination, mais aussi le trajet pour s'y rendre.

Conclusion

La règle des 80/20 ne consiste pas à moins travailler. Il s'agit de trouver les caractéristiques les plus précieuses de votre personnalité et de les utiliser au mieux.

Il y a une quantité illimitée de travail à faire et très peu de temps à disposition. Vous ne finirez jamais tout votre travail, mais si vous essayez de garder les choses sous contrôle, vous constaterez que vous n'en serez pas pour autant abattu. Pourquoi voudriez-vous utiliser votre énergie uniquement pour faire les choses les plus importantes au lieu de souhaiter avoir plus d'énergie pour en faire plus ?

Lorsque vous commencerez à appliquer la règle des 80/20, vous constaterez que vous disposerez de plus de temps : la qualité de votre travail et votre productivité seront plus élevées. Vous pourrez définir vos priorités comme jamais auparavant, car vous connaitrez toutes les étapes essentielles qui vous aideront à obtenir les meilleurs résultats. Le plus cool, c'est que cette stratégie est reproductible et cumulative. Plus nous la répéterons, plus nous tirerons de valeur de nos 20% d'activité.

Le principe de Pareto peut changer n'importe quel aspect de votre vie et vous aider à obtenir bien plus que ce que vous pensiez être possible.

Pour l'instant, essayez déjà d'appliquer le principe à un domaine de votre vie et de vous poser les questions les plus importantes. Prenez le temps de transformer ces observations en habitudes que vous pourrez appliquer à votre emploi du temps chargé.

Nous sommes souvent confrontés à un manque de temps, d'énergie et de ressources pour faire nos activités quotidiennes. Avec le principe de Pareto, vous pourrez vous assurer que vos efforts seront consacrés à des tâches qui vous apporteront un maximum de bénéfices.

Espace pour les notes personnelles

Ce livre vous a plu ?

Y a-t-il quelque chose à améliorer ou à changer ?

Envoyez vos commentaires à

dlamancu@gmx.de

Retrouvez d'autres livres ici

SCAN ME

Remédier à l'insatisfaction

SCAN ME

Se débarrasser des pensées négatives

Merci pour votre soutien

Exclusions de responsabilité

La mise en œuvre de toutes les informations, instructions et conseils contenus dans ce livre électronique est à vos propres risques. Pour les dommages de toute nature, l'auteur n'assume aucune responsabilité légale. L'auteur exclut toute les réclamations de responsabilité contre lui pour les dommages matériels ou immatériels causés par l'utilisation ou la non-utilisation des informations ou l'utilisation d'informations incorrectes et/ou incomplètes. Par conséquent, toute réclamation légale et d'indemnisation ne sera pas acceptée. Ce travail a été créé et écrit avec le plus grand soin, grâce aux connaissances et des convictions disponibles au moment de l'écriture. Pour l'actualité, l'exhaustivité et la qualité de l'information, l'auteur n'assume aucune responsabilité. En outre, les erreurs d'impression et la désinformation ne peuvent pas être complètement exclues. Pour des informations incorrectes écrites par l'auteur, aucune responsabilité légale sous quelque forme que ce soit ne sera acceptée.

Droits d'auteur

Notes légales

ISBN: 9798705907922

1ère édition

Contact :
La Mancusa Daniele
Vorstadtstr. 52
73614 Schorndorf

Printed by Amazon Italia Logistica S.r.l.
Torrazza Piemonte (TO), Italy

24275077R00089